Jasmine De Angelis

Hurra, wir leben noch!

DÜSSELDORF

nach 1945

Wartberg Verlag

In unserer Reihe „Bilder aus Düsseldorf"
sind bisher erschienen:

(1) Düsseldorf – Ein verlorenes Stadtbild
(2) Düsseldorf – Luftbilder von gestern und heute
(3) Düsseldorf – Bewegte Zeiten. Die 50er Jahre
(4) Düsseldorf – Ereignisreiche Zeiten. Die 60er Jahre
(5) Hurra, wir leben noch! Düsseldorf nach 1945
(6) Kindheit in Düsseldorf – in den 50er Jahren
(7) Rundflug über das alte Düsseldorf
(8) Postkartenbuch Düsseldorf

Fotonachweis:
Alle Fotos stammen von Barbara Kühn (privater Nachlass von Carl August Stachelscheid), außer:
Nordrhein-Westfälisches Hauptstaatsarchiv: S. 15 oben, S. 19, S. 22 oben;
Stadtarchiv Düsseldorf: S. 4 oben, S. 5–8, S. 10 oben, S. 11 unten,
S. 12, S. 13 unten, S. 18, S. 20 unten, S. 21 oben, S. 24 unten,
S. 26 oben, S. 30 oben, S. 31 unten, S. 35 unten, S. 36, 40, 42, S. 62/63;
Fortuna Düsseldorf e.V.: S. 58; Igedo Company: S. 34 oben; Jüdische Allgemeine: S. 39 unten;
Kom(m)ödchen GmbH: S. 54; Mannesmann-Archiv Mülheim an der Ruhr: S. 29 unten;
Polizeipräsidium Düsseldorf: S. 14 oben; Eugenia Brecher: S. 39 oben.

1. Auflage 2002

Druck: Thiele & Schwarz, Kassel
Buchbinderische Verarbeitung: Büge, Celle

34281 Gudensberg-Gleichen, Im Wiesental 1
Telefon (0 56 03) 9 30 50 • www.wartberg-verlag.de
ISBN 3-8313-1278-8

VORWORT

Meine deutsche Mutter aus Moers bekam von amerikanischen Soldaten Schokolade, mein italienischer Vater aus Tolentino kletterte in amerikanische Panzer. Solche Kindheitserinnerungen haben sicherlich einige meiner Generation (Jahrgang 1970) gehört. Aber das war's dann auch schon fast. In der Schule und Universität waren zumindest in meiner Ausbildungszeit die frühen Nachkriegsjahre bis 1949 selten Thema. So hieß es sich für die Gestaltung des Bildbands in eine doch unbekannte Zeit einzuarbeiten. Kein leichtes Unterfangen, denn der eigentlich kurze Zeitabschnitt beinhaltet eine Fülle von Geschehnissen und Entwicklungen. Sämtliche Lebensbereiche mussten um-, wieder oder neu organisiert werden. So auch in Düsseldorf. Ich sprach mit Zeitzeugen, las Bücher zum Thema und schaute mir die Zeitungen, die in jener Zeit in Düsseldorf erschienen sind, an („Neue Rheinische Zeitung" ab Juli 1945; „Freiheit", „Rheinische Post", „Rhein-Echo" ab März 1946; „Westdeutsche Zeitung" ab Juli 1948). Die Zeitungsberichte sind besonders interessant, da sie in doppelter Hinsicht über die Zeit informieren – einmal natürlich durch ihre Inhalte, dann aber auch durch ihre Sprache und Ausdrucksweise.

In diesem Bildband kann ich natürlich nicht auf jedes Ereignis und auf jede Entwicklung jener Zeit in Bild und Wort eingehen, da es den Rahmen des Buches sprengen würde. Aber ich hoffe, dass sich durch die Bilder und durch die Texte – hier besonders durch die Zitate, die ich bewusst nicht kommentiert habe – ein kleiner Eindruck dieser schwierigen Zeit vermitteln lässt. Vielleicht werden bei dem einen oder anderen Leser Erinnerungen an die ersten Nachkriegsjahre wach oder es steigt das Interesse und die Motivation, sich selbst mit jener Zeit tiefer gehend zu beschäftigen, was mich freuen würde.

Zahlen und allgemeine Fakten, die ich in dem Buch anführe, beruhen in erster Linie auf Angaben und Informationen der Verwaltungsberichte sowie der Jahresberichte des Statistischen Amtes der Stadt Düsseldorf aus den Jahren 1945 bis 1951.

Die meisten Bilder, die zu sehen sind, stammen von dem Fotografen Carl August Stachelscheid, der 1990 starb. Es sind zum Teil Fotos, die nach heutigem Kenntnisstand selten oder noch nicht veröffentlicht wurden. C. A. Stachelscheid wurde 1919 in Düsseldorf geboren und machte bei Martin Knauer eine Ausbildung zum Pressebildberichterstatter. 1941 wurde er zur Kriegsbildberichterstatterkompanie eingezogen. Nach Kriegsende arbeitete er als Fotograf für die Zeitungen „Rheinische Post", „Freiheit" und für die Deutsche Presse-Agentur. 1951 gründete er seinen eigenen Pressebilderdienst. Ab 1956 verlegte er seinen Schwerpunkt auf die Filmproduktion.

Abschließend möchte ich mich bei einigen Institutionen, Firmen und Personen für ihre Hilfe und Kooperation bedanken. Sie haben Fotos bereitgestellt, ohne die wichtige Aspekte fehlen würden. Ein großes Dankeschön an: Eugenia Brecher, Marco Langer von Fortuna Düsseldorf e.V., Kay S. Lorentz vom Kom(m)ödchen, Prof. Horst A. Wessel vom Mannesmann-Archiv Mülheim an der Ruhr, Merle Gohr von der Modemedia GmbH, Klaus Dönecke vom Polizeipräsidium Düsseldorf und Dr. Barbara Suchy. Mein ganz besonders herzliches Dankeschön geht an Barbara Kühn, die den privaten Nachlass ihres Vaters, des Fotografen Carl August Stachelscheid, besitzt und verwaltet. Nie werde ich die vielen gemeinsamen Stunden in ihrer Küche vergessen, in denen wir unzählige Negative ihres Vaters unter der Küchenlampe betrachtet und dabei viele interessante Entdeckungen gemacht haben.

Jasmine De Angelis

EINMARSCH

Am 17.4.1945 rollten nach mehrwöchigem Artillerie- und Tieffliegerbeschuss die amerikanischen Panzer der 97. US-Infanteriedivision in die Innenstadt Düsseldorfs ein (Foto, Flurstraße). Das linksrheinische Stadtgebiet wurde bereits am 3.3.1945 besetzt. Der Zweite Weltkrieg war für die Stadt vorbei. Düsseldorf, die letzte uneroberte Stadt im „Ruhrkessel", konnte dank des Einsatzes zweier Widerstandsgruppen kampflos von den amerikanischen Truppen eingenommen werden. Durch ihre mutigen Aktionen konnte Düsseldorf sowohl vor weiteren Zerstörungen durch einen Großangriff der Amerikaner wie auch vor den Maßnahmen der Wehrmacht, die die Vernichtung der Stadt vor der Einnahme vorsah, bewahrt werden. Fünf Mitglieder der einen Widerstandsgruppe wurden für ihren Einsatz noch kurz vor dem Einmarsch durch ein Standgericht zum Tode verurteilt und erschossen.

Nach der Besetzung am 17. April sicherten die amerikanischen Soldaten zunächst „alle wichtigen Verkehrsknotenpunkte, militärischen Anlagen, Lebensmitteldepots und Kommunikationszentren". Sie „durchkämmten systematisch die Stadt und fahndeten nach versteckten deutschen Soldaten, hohen NSDAP-Mitgliedern, Waffen, Fotoapparaten und Kameras". Die ersten Wochen der Besetzung verliefen nach Zeugenberichten insgesamt wohl friedlich (V. Zimmermann, In Schutt und Asche, Düsseldorf 1995, S. 96f.). Im Juni 1945 lösten britische Einheiten die amerikanischen Truppen ab.

RÜCKKEHR

1939 lebten rund 540 000 Menschen in Düsseldorf, bei Kriegsende nur noch ca. 235 000. Über 15 000 Düsseldorfer waren im Krieg gefallen. Über 5 000 waren bei Luftangriffen und Artilleriebeschuss umgekommen. Nach Kriegsende stieg die Einwohnerzahl der Stadt wieder rasch an. Bis 1949 kehrten neben evakuierten und fortgezogenen Düsseldorfern über 50 000 Kriegsgefangene zurück. Viele Flüchtlinge und Vertriebene kamen in oder passierten die Stadt. Ende 1945 wurden bereits über 390 000 Einwohner gezählt, 1949 über 470 000. Aber in welch eine Stadt kehrten sie ein? Das Foto unten zeigt den Bahnhofsvorplatz um 1946.

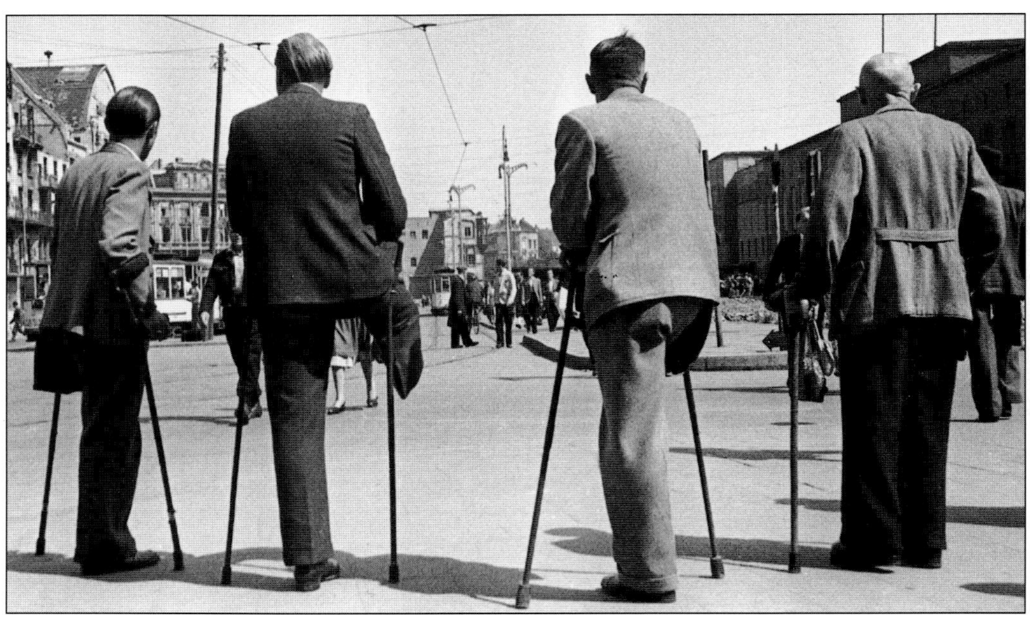

TRÜMMERSTADT

Während des Zweiten Weltkrieges fanden über 240 Angriffe auf Düsseldorf statt. Mehr als 1 160 000 Bomben wurden abgeworfen. Über die Situation der Stadt kurz nach Kriegsende heißt es im Jahresbericht der Stadtverwaltung Düsseldorf für 1945/46: „Von der ehemals so schönen und eleganten Stadt war noch ein Trümmerhaufen übriggeblieben. Mehr als die Hälfte des Wohnraumes war zerstört. In den Straßen und den Häuserruinen häuften sich etwa zehn Millionen Kubikmeter Schutt. Ein großer Teil der öffentlichen Gebäude war vernichtet oder schwer beschädigt. Die Industriewerke lagen still. Die Elektrizitäts- und Wasserversorgung hatte notdürftig über die Zeit des Artilleriebeschusses in dem größten Teil der Stadt aufrechterhalten werden können. Die Straßenbahn war im März 1945 erst linksrheinisch und dann auch rechtsrheinisch vollständig zum Erliegen gekommen.“

Neben Gebäuden und Kirchen waren auch die städtischen Grünanlagen schwer beschädigt worden. Der Düsseldorfer Zoo wurde ganz zerstört. Die Kriegsschäden beliefen sich auf insgesamt rund 4,6 Milliarden Reichsmark.

Das Foto von 1945 gewährt einen Blick auf die Trümmer der Akademiestraße zur Hafenstraße hin.

▲ Die Stadt lag nicht nur in Trümmern, sondern war auch zweigeteilt. Im März 1945 sprengten deutsche Truppen die Oberkasseler, die Neusser und die Hammer Eisenbahnbrücke. Bei der Sprengung blieb eine Lokomotive auf einem Brückenpfeiler hängen. Des Weiteren waren von 250 Straßenbrücken, Überwölbungen und Dückerbauten 43 schwer oder total beschädigt. Auch die Deiche und Hochwasserschutzmauern waren teilweise stark von den Kriegseinwirkungen betroffen.

▶ Von den 6 586 Geschäfts- und Lagerhäusern, die 1939 existierten, waren 3 676 total und 1 560 schwer beschädigt. Von den 956 Industriebetrieben wurden insgesamt 681 als beschädigt und 220 als total beschädigt eingestuft. Das Foto von 1945 zeigt links das schwer beschädigte Warenhaus „Kaufhof“ und rechts das total zerstörte Hotel „Breidenbacher Hof“.

NEUORDNUNG

Einen Tag nach der Besetzung ernannten die Amerikaner Dr. Wilhelm Füllenbach, der während des Nationalsozialismus Stadtkämmerer war, zum Oberbürgermeister. Im Oberfinanzpräsidium, einem der von der Militärregierung für ihre Büros beschlagnahmten Gebäude, hatte er sein Büro zu beziehen. Der Oberbürgermeister war unmittelbar der Militärregierung verantwortlich und nur deren Anordnungen und Kontrollen unterworfen. Dr. Füllenbach setzte ein Verwaltungsteam zusammen. Im ehemaligen Jesuitenkolleg an der Mühlenstraße wurden städtische Verwaltungsstellen eingerichtet.

Am 26.6. 1945 wurde ein 32-köpfiger Vertrauensausschuss zur Unterstützung und Beratung der Stadtverwaltung gebildet, der sich nach berufsständischen Aspekten zusammensetzte. Der Vertrauensausschuss wurde am 29.11. 1945 durch eine ernannte Stadtvertretung mit 55 Mitgliedern abgelöst. Das Foto stammt von der ersten Stadtverordnetensitzung an jenem Tag im Sitzungssaal des Verbandes der Eisenhüttenleute auf der Breitestraße. Zwei Monate später wurde eine neue Verfassung auf Anordnung und nach britischem Vorbild – gemäß der neuen Deutschen Gemeindeordnung, die am 1.4. 1946 in Kraft trat – beschlossen. Sie beinhaltete eine Doppelspitze mit einem Oberbürgermeister als Kopf der beschließenden politischen Stadtvertretung und einem Oberstadtdirektor als Kopf der ausführenden unpolitischen Stadtverwaltung. Am 13.10. 1946 fanden die ersten freien Wahlen der Stadtvertretung nach einem System, das die Mehrheits- und Verhältniswahl vereinte, statt. Bei über 70 Prozent Wahlbeteiligung erhielt die CDU die meisten Stimmen. Oberbürgermeister wurde Karl Arnold, Oberstadtdirektor Dr. Walther Hensel, der dieses Amt bis 1964 bekleidete.

Gemäß der 1946 vom Kontrollrat erlassenen Direktive Nr. 24 wählte die Stadtverordnetenversammlung am 8.3. 1946 einen in der Funktion beratenden „Ausschuß für die politische Säuberung von Wirtschaft und Verwaltung", der aus 15 Mitgliedern bestand, die Vertreter der politischen Parteien, Gewerkschaften, der Industrie, des Handels und Handwerks und der Vereinigung der Konzentrationäre waren. Zudem wurden ein Entnazifizierungspolizeiausschuss und ein Berufungsausschuss gebildet. Personen wurden mittels eines Fragenbogens geprüft. „Entnazifiziert" wurde in allen Bereichen. Die Entscheidung über die Entlassung bzw. Einstellung einer Person traf bis Ende 1947 die Militärregierung. Am 17.4. 1946 fand die konstituierende Sitzung des Entnazifizierungsausschusses statt (Foto, 4. v. l. Wing-Commander Walser; 3. v. l. OB Arnold). Bis August 1949 wurden rund 70 000 Fälle im Stadtkreis Düsseldorf überprüft.

TRÜMMERBESEITIGUNG

Eine der dringendsten Aufgaben nach Kriegsende war die Beseitigung der ca. 10 Millionen Kubikmeter Trümmerschutt, der Verkehr und Wiederaufbau behinderte und lebensbedrohliche Gefahren barg. Auf Befehl der Militärregierung mussten zunächst bestimmte Straßen frei gemacht werden. Aufgrund mangelnder Gerätschaften konnten Trümmer zuerst nur mit Schippen oder Händen auf benachbarte Grundstücke geworfen werden. Nach Beauftragung von Baufirmen und Einsetzung von Maschinen begann ab Mitte Oktober 1945 eine schnellere Beseitigung. Der Schutt wurde in Kipploren mittels Lokomotiven auf Feldbahngleisen, die in der Stadt gelegt wurden, und in Lastkraftwagen zu Kippplätzen wie Baggerlöchern gefahren oder – soweit tauglich – zu Verwertungsanlagen transportiert (Foto 1945, Trümmerräumung auf der Neusser Straße). Bis 1948 wurde insgesamt 1 406 653 Kubikmeter Trümmerschutt beseitigt. Rund 14,2 Mio. Ziegelsteine konnten für die Instandsetzungsarbeiten und den Wiederaufbau gewonnen werden.

▶ Die Stadt rief in Anbetracht des Arbeitermangels die Bürger mehrfach auf, sich ehrenamtlich an der Trümmerbeseitigung zu beteiligen, doch der allgemeine schlechte gesundheitliche Zustand und auch die mangelnde Lust sorgten nicht stets für eine gute Resonanz. Um dem nachlassenden Interesse der Bürger entgegenzuwirken, halfen die Stadtvertreter in Aktionen bei der Trümmerbeseitigung mit. Auf dem Foto von einer Aktion im April 1948 (Ecke Oststraße/Graf-Adolf-Straße) sind von links zu sehen: Walter Brix, Oberbürgermeister Josef Gockeln, Otto Rommel, Hermann Röhr, Klaus Maase, Bürgermeister Georg Glock, Heinrich Könn und Johann L'habitant.

▲ Im Laufe der Zeit entstand am Aachener Platz einer der größten Schuttberge mit ca. 30 Meter Höhe (Foto 1950). Der Berg, der später wieder abgetragen wurde, wurde auch „Monte Klamotte“ genannt. Dort eröffnete 1977 der „Freizeitpark an der Ulenbergstraße“.

▼ Nicht nur die Straßen, die ab Mai 1945 wieder ihre früheren Namen (vor 1933) erhielten, mussten von Trümmern befreit werden, sondern auch der Rhein. Um die Schifffahrt und die Arbeit im Hafen wieder zu ermöglichen, wurden beschädigte und zerstörte Schiffe sowie Brückentrümmerteile gehoben und beseitigt und eine Fahrrinne freigesprengt (Foto 1947, Schiffshebung bei Benrath). Bis September 1945 wurden von 44 gesunkenen Schiffen 25 gehoben.

VERKEHR

Der öffentliche Straßenverkehr war bei Kriegsende zusammengebrochen. Von dem insgesamt 580 km langen Straßennetz waren 250 km nicht beschädigt. Der Zustand der Straßenbahn als wichtigem Nahverkehrsmittel stellte sich nach dem Jahresbericht der Rheinischen Bahngesellschaft von 1945/46 wie folgt dar: „Die Gleis- und Weichenanlagen waren durch Luftangriffe, Brückensprengungen und Artilleriebeschuß an vielen Stellen unterbrochen, das gesamte Fahrleitungsnetz lag am Boden. Sowohl die in den Betriebshöfen als auch auf der Strecke abgestellten, vielfach zum Bau von Panzersperren verwendeten Wagen waren mehr oder weniger stark beschädigt bzw. ausgeplündert, die Hauptwerkstätte, Gleisbauwerkstätte, ein Betriebshof fast völlig zerstört, Verwaltungsgebäude, Umformerwerke und fast alle sonstigen Werkstätten wiesen größere Dach- und Mauerschäden auf.“ All diese Schäden mussten behoben werden. Ab 8. 6. 1945 fuhren nach Sicherstellung der Stromversorgung die Linien 3 und 18 zwischen Schadowplatz und Gerresheim bzw. Benrath, allerdings aus Stromspargründen zunächst nur in bestimmten Zeiträumen. Im linksrheinischen Stadtgebiet wurde der Straßenbahnbetrieb im Juli 1945 wieder aufgenommen. Wie der öffentliche Nahverkehr war auch der Fernverkehr durch die Kriegseinwirkungen stark beeinträchtigt, aber ab Juli 1945 rollten über 20 Personenzüge wieder regelmäßig.

▲ Die Straßenbahnen waren durch den zunächst beschränkten Betrieb in den ersten Nachkriegsjahren überfüllt, wie hier am Corneliusplatz 1946. Um das häufige und gefährliche Trittbrettfahren einzudämmen, wurde im Februar 1946 eine neue Verordnung erlassen, die solches Verhalten bei jedem Fahrzeug verbot. Ertappte Trittbrettfahrer konnten „nach Schuldigsprechung durch ein Gericht der Militärregierung nach dessen Ermessen mit jeder gesetzlich zulässigen Strafe, außer der Todesstrafe, bestraft“ werden („Neue Rheinische Zeitung“, 23. 2. 1946).

▶ Mit dem Ansteigen des allgemeinen Verkehrs in der Stadt wuchs auch das Verkehrschaos. 1949 verunglückte jeden dritten Tag im Straßenverkehr ein Mensch tödlich. Erste Ampelanlagen wurden erst 1949 im Stadtgebiet installiert. Auch das Parken war ein Problem. Auf dem Schadowplatz wurde 1949 ein Parkplatz mit Tankstelle errichtet (Foto 1949).

◀ Seit 18. 4. 1945 war der beschädigte Flughafen in Lohausen von den Besatzungstruppen besetzt. Am 4. 4. 1949 wurde der zivile Luftverkehr durch die British Civil Aviation Branch wieder in Betrieb genommen, nachdem der Wiederauf- und Ausbau des Flughafens aufgrund der britischen Entscheidung bereits begonnen hatte. Laut Capt. Cecil Webster, der die Wiederaufbauarbeiten auf dem Flughafen leitete, sollte der Flugplatz der „modernste der Welt“ werden („Rheinische Post“, 26. 2. 1949). Ein Journalist berichtete am 6. 4. 1949 in der „Westdeutschen Zeitung“ über den ersten Flug mit einem Passagierflugzeug, einer 27-sitzigen zweimotorigen Vikingmaschine der „British European Airways“, von Düsseldorf nach Hamburg. An Bord gab es „ein ganz vorzügliches Futterpaketchen, vom Schinkenbrot bis zur Apfelsine“ und „dazu einen duftenden Kaffee“. Das Foto von 1949 zeigt ein Flugzeug der Skandinavischen Luftfahrtgesellschaft, SAS, die neben der BEA den Flugbetrieb in Düssel-

Die Freeman-Brücke um 1946/47.

dorf aufnahm. Sie flog ab April 1949 täglich von Düsseldorf nach Frankfurt und von dort weiter ins In- und Ausland. Am 1. 12. 1950 wurde der Flughafen der deutschen Verwaltung übergeben.

Die Verbindungen und der Verkehr zwischen dem rechtsrheinischen und linksrheinischen Stadtgebiet waren durch die Brückensprengungen im März 1945 unterbrochen. Für den allgemeinen Wiederaufbau und die Versorgung war es wichtig, schnell neue Verbindungen zu schaffen. Zunächst errichteten die amerikanischen Truppen eine Pontonbrücke zwischen Volmerswerth und Grimlinghausen, die als Hauptnachschubsweg benutzt wurde.

Am 4. 11. 1945 wurde sie wieder abgebaut. Denn eine andere, größere Behelfsbrücke, die von britischen Pionieren zwischen der Rheinterrasse und Oberkassel gebaut und am 4. 10. 1945 mit einer großen Feier freigegeben wurde, diente nun als Verbindungsweg für den Fuß- und Wagenverkehr. Die Freeman-Brücke (Foto S. 11, 1946/47), benannt nach ihrem Schöpfer Generalleutnant Ralph Freeman, war eine spezielle Konstruktion, die bei Flüssen mit Eisgang verwendet wurde. Die mit ca. 13 Meter Höhe „höchste Pontonbrücke, die je über einen Fluß gebaut wurde" („Neue Rheinische Zeitung", 6. 10. 1945), hatte nur eine Hauptfahrbahn und zwei durch Taue gesicherte Gehwege. Der Verkehr wurde per Ampeln und Telefone organisiert. Die Brücke stürzte im Dezember 1946 bei starkem Eisgang ein. Nach ihrem Wiederaufbau wurde sie rund ein Jahr später durch einen Schleppkahn stark beschädigt und nicht mehr aufgebaut.

◀ Wenn auch die Brücke nur im eingeschränkten Maße für den Verkehr einsetzbar war und die deutschen Zivilisten auch diese nur beschränkt im Alltag nutzen durften, entlastete sie doch den Verkehr. Denn vor dem Brückenbau oder bei Ausfall der Brücke konnte die Bevölkerung die andere Rheinseite nur mit Booten oder Fähren erreichen. Dabei wurde z. B. das im Krieg versenkte Rheinbahn-Boot „Düssel" (Foto 1946), das gehoben und repariert wurde, als Fahrgastschiff zwischen Altstadt und Oberkassel ab August 1945 eingesetzt. Täglich wurden bis zu 30 000 Menschen, die für eine Überfahrt Schlange stehen mussten, über den Rhein befördert.

▼ Ab April 1946 konnten die Hammer Bauern wieder ihr Gemüseland auf der linksrheinischen Seite ohne große Umwege mit einer Fähre erreichen. Die „Hammer Ponte", die bereits im 15. Jahrhundert existierte, wurde am 22. 4. 1946 festlich eingeweiht (Foto, Jungfernfahrt).

In der Nachkriegszeit wurden nicht nur Behelfsbrücken errichtet, sondern man entschloss sich mit Blick auf die Zukunft und mit Genehmigung der Militärregierung, alte und neue „Dauerbrücken“ aufzubauen. Die für den Güter- und Personenverkehr wichtige Eisenbahnbrücke zwischen Hamm und Neuss wurde ab 1946 wieder aufgebaut, allerdings nur die nördliche Hälfte dieser Doppelbrücke in zunächst eingleisiger Form. Auf dem Foto von Juni 1946 ist links die zerstörte, im Wasser liegende südliche Hälfte, rechts die im Bau befindliche, frei über den Rhein spannende lange nördliche Hälfte der so genannten Schaper-Krupp-Reichsbahnbrücke, zu deren Aufbau Teile der Südhälfte benutzt wurden, zu sehen. Ende Juli 1946 wurde die Brücke, die 1947 verschoben wurde, freigegeben.

▼ Als „Dauerbehelfsbrücke“, auf der auch die Straßenbahn fahren konnte, wurde die neue Oberkasseler Brücke, deren Aufbauarbeiten 1946 begannen, am 29. 5. 1948 feierlich eingeweiht. Auf dem Foto hat Oberbürgermeister Gockeln gerade das Band zur Freigabe durchgeschnitten. Links neben ihm stehen General Bishop, Gouverneur des Landes NRW, und Ministerpräsident Karl Arnold. Oberbürgermeister Gockeln nannte die Brücke ein „Symbol für eine bessere Zukunft“. Für General Bishop war die Brücke „ein Zeichen deutscher Geschicklichkeit, deutschen Erfindergeistes und deutschen Fleißes“ („Rheinische Post“, 2. 6. 1948).

WOHNUNGSNOT

40 bis 42 Prozent des Wohnraumbestandes von 1939 war nach dem Krieg zerstört. Die Wohnungsnot war eines der größten Probleme, dessen Lösung sich bis weit in die Nachkriegszeit zog. Zahlreiche der wenigen, weitgehend intakten Wohnungen wurden von der Besatzung beschlagnahmt. Gegen die Beschlagnahmungen gab es auch öffentlichen Protest. Am 22. 3. 1947 demonstrierten Stockumer Bürger gegen eine geplante weitere Beschlagnahmung von Wohnhäusern in ihrem Stadtteil. Für die vielen zurückkehrenden Düsseldorfer und in die Stadt strömenden Vertriebenen und Flüchtlinge, die zugewiesen wurden, gab es nicht genügend Wohnraum. Im August 1945 wurde eine Zuzugssperre für Personen, die nicht früher in Düsseldorf gewohnt hatten, verhängt.
Die Menschen lebten auf engstem Raum in Notunterkünften, Kellerwohnungen oder Schuppen. Vor dem Wieder- und Neuaufbau galt es zunächst den verbliebenen Wohnraum instand zu setzen. Unter dem Titel „Sofortmaßnahmen Obdach" wurden ab September 1945 Wohnungen winterfest gemacht, Krankenhäuser, öffentliche Gebäude und ernährungswichtige Betriebe wieder hergerichtet. Bis März 1946 waren insgesamt 40 379 Wohnräume winterfest. Im gleichen Jahr lebten rund 50 000 Personen in Bunkern und Kellern. Um die Menschen aus den Bunkern zu holen, wurde 1948 eine Aktion gestartet. Jeder Wohnungsbesitzer, der sich selbst freiwillig einschränken wollte, hatte die Möglichkeit, sich eine allein stehende Person aus der Gruppe der Bunkerbewohner auszusuchen und ihr den freigemachten Wohnraum zu vermieten. Er erhielt dafür eine Prämie von 200 DM.
Die Bauarbeiten für die Militärregierung, der Mangel an Arbeitskräften und Baustoffen erschwerte und verlangsamte den Wiederaufbau der Stadt. Erst ab 1949 verstärkte sich der Wohnungsbau.

▲ Unterkünfte in der Nachkriegszeit. Das Foto zeigt eine Trümmerkellerwohnung einer 26-jährigen Prostituierten in der Hildebrandstraße. Der Raum war nur durch das Einsteigen in einen Kellerschacht erreichbar.

▶ Der Eingang zu einer weiteren Kellerwohnung ist auf diesem Foto zu erkennen. Beide Fotos sind nicht genau datiert.

Flüchtlinge und Vertriebene wurden in Behelfsheimen, Baracken und in einer Kaserne untergebracht. Ehemalige Kriegsgefangene und Zwangsarbeiter lebten nach ihrer Befreiung zunächst weiterhin in Lagern, die bis 1949 fast alle geschlossen wurden. Sie wohnten später zum Teil in neuen Siedlungen, die in der Stadt entstanden, mit Deutschen zusammen. Auf die schwierige Lebenssituation der Sinti und Roma in Düsseldorf nach Kriegsende machen Karola Fings und Frank Sparing in ihrem 1992 erschienenen Buch „z. Zt. Zigeunerlager" aufmerksam. Die Sinti und Roma, die im „Zigeunerlager" am Höherweg interniert waren, durften nach Kriegsende ihre Wohnwagen nicht in der Stadt abstellen und wurden wieder zum ehemaligen Lager geschickt. Der Oberstadtdirektor hatte die Auffassung, dass „es sich bei der Internierung im Zigeunerlager Höherweg nicht um einen ungerechtfertigten Freiheitsentzug gehandelt" hätte. Denn: „Die Ursache für die Konzentrierung der Zigeuner in Lägern liegt nach meinem Ermessen in der Tatsache, daß der in der Regel staatenlose und stets umhervagabundierende Zigeuner schon im Frieden eine Landplage war", so der Oberstadtdirektor 1950.

▲ Das Foto von November 1948 zeigt eine Baracke. Vor ihr hantieren Kinder mit einer Waschmaschine.

◀ Einblick in das Leben in einer Behelfsunterkunft. Das Foto (um 1947) zeigt eine Gemeinschaftsküche.

◀ Beim Wiederaufbau erhielt Düsseldorf auch junge Unterstützung aus Übersee. Im Sommer 1949 kamen zwölf Schüler der George-School aus Pennsylvania nach Düsseldorf und halfen den Schülern des Jacobi-Gymnasiums beim Aufbau des Schulgebäudes. Nach einem Bericht der „Westdeutschen Zeitung“ vom 13.7. 1949 waren die jungen Amerikaner das erste Mal in Deutschland und kannten das Land nur aus Büchern, Zeitungen und aus Erzählungen des Studienrats Kötter, der ein Jahr lang Austauschlehrer an der George-School war. Sie waren überrascht über „den herzlichen und liebevollen Empfang“ in Düsseldorf. Als „große Jungen mit kleinen Leidenschaften“ beschrieb die Zeitung sie und stellte einen amerikanischen Schüler vor, der Briefmarken sammelte und dessen „Stolz fast ein ganzes Blatt deutscher Vorkriegsmarken mit Hitlers Bildnis“ war.

◀ Am 18.7. 1945 schrieb die „Neue Rheinische Zeitung“ über die Düsseldorfer und die beschädigte Königsallee, auf der viele Geschäfte, Lokale und auch die Bäume zerstört waren: „Doch promenieren die Düsseldorfer an den schönen Sommer-Sonnen-Tagen wieder hoffnungsfroh über ihre Königsallee, die symbolisch geworden ist für den neuerwachten Lebenswillen der Stadt, die aus der Erinnerung an ihre daseinsfrohe Vergangenheit den Mut zu einer neuen Zukunft schöpft.“ Neben dem Wiederaufbau der Häuser wurden bereits frühzeitig auch wieder neue Bäume gepflanzt. Das Foto zeigt die Ostseite der Königsallee im Jahr 1946.

GESUNDHEIT

Am 30.3.1946 berichtete die „Rheinische Post“: „Es langt noch nicht einmal zur ‚hygienisch einwandfreien Schlaffläche‘, wie eine Statistik der Stadtverwaltung nachweist.“ Die schlechte Wohnsituation und Ernährungslage wirkten sich auf den Gesundheitszustand der Menschen aus. Das Leben in häufig dunklen und feuchten Räumen oder Behausungen förderte Krankheiten. Hinzu kam die Kälte in den strengen Wintermonaten, unter denen die Einwohner aufgrund des Brennstoffmangels litten. Auch das verbotene Kohlenklauen, das nach Kardinal Frings, der diesen Diebstahl moralisch legitimierte, „Fringsen“ genannt wurde, und das von der Besatzung angeordnete Abholzen in städtischen Waldungen konnten den Mangel nur wenig lindern. Infektionskrankheiten breiteten sich auch durch heimkehrende Kriegsgefangene und durch Flüchtlinge, die in die Stadt kamen, aus. Scharlach, Diphtherie und Typhus zählten zu den bis 1948 am häufigsten festgestellten übertragbaren Krankheiten, die jedoch überwiegend im Laufe der Zeit zurückgingen. Anders verhielt es sich bei den Tuberkuloseerkrankungen, die sich weiter ausbreiteten. Die Stadt richtete eine zentrale Tuberkulosefürsorgestelle und eine ärztliche Betreuungsstelle ein, in der ankommende Flüchtlinge untersucht und mit DDT-Puder entlaust wurden. Desinfizierungen fanden auch an den Rheinbrückenübergängen statt. Des Weiteren verbreiteten sich Geschlechtskrankheiten im Zusammenhang mit wachsender Prostitution. Zur Bekämpfung der Prostitution wurden ab 1946 Polizistinnen im Streifendienst nach englischem Vorbild eingesetzt.

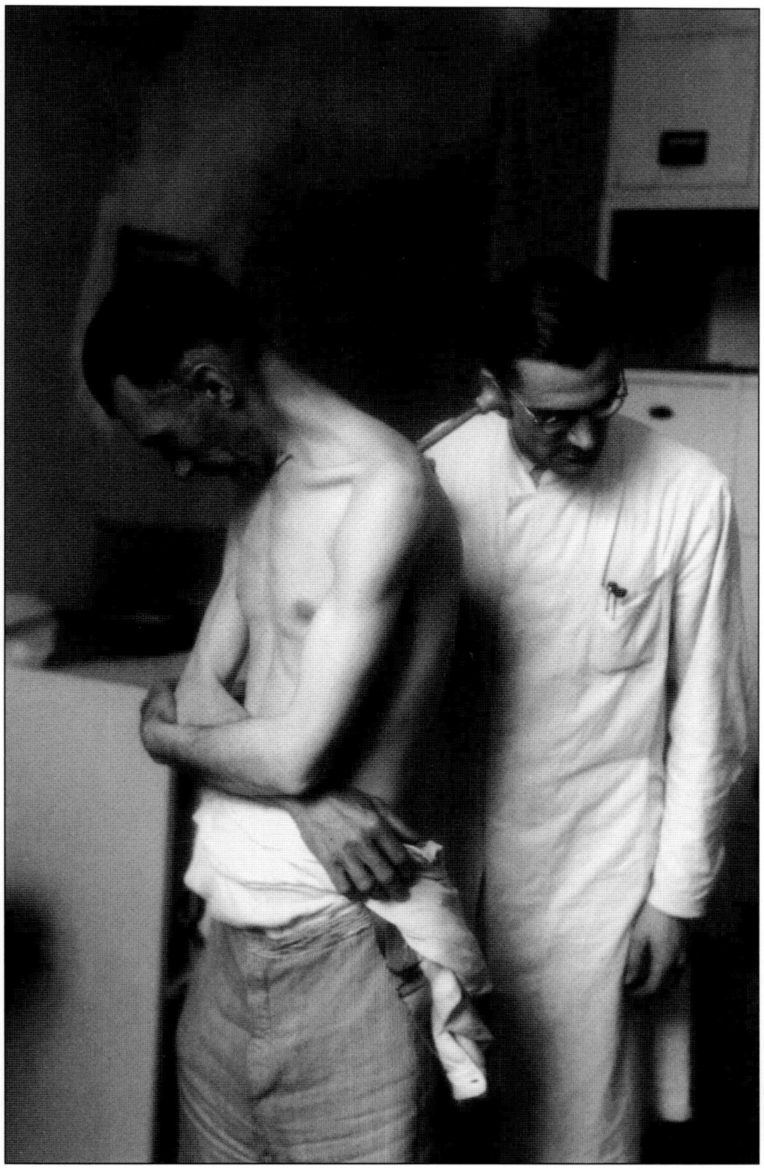

Die ärztliche Betreuung (Foto um 1948) erfolgte unter schwierigen Bedingungen. Zerstörte oder schwer beschädigte Krankenanstalten, fehlende medizinische Geräte und unzureichende Versorgung mit Medikamenten, die durch Spenden aufgebessert werden konnte, behinderten die Gesundheitsvorsorge und die Behandlung Kranker. Trotz der Lage konnten ab 1945 Schutzimpfungen für Kinder und Erwachsene vom Gesundheitsamt angeboten werden.

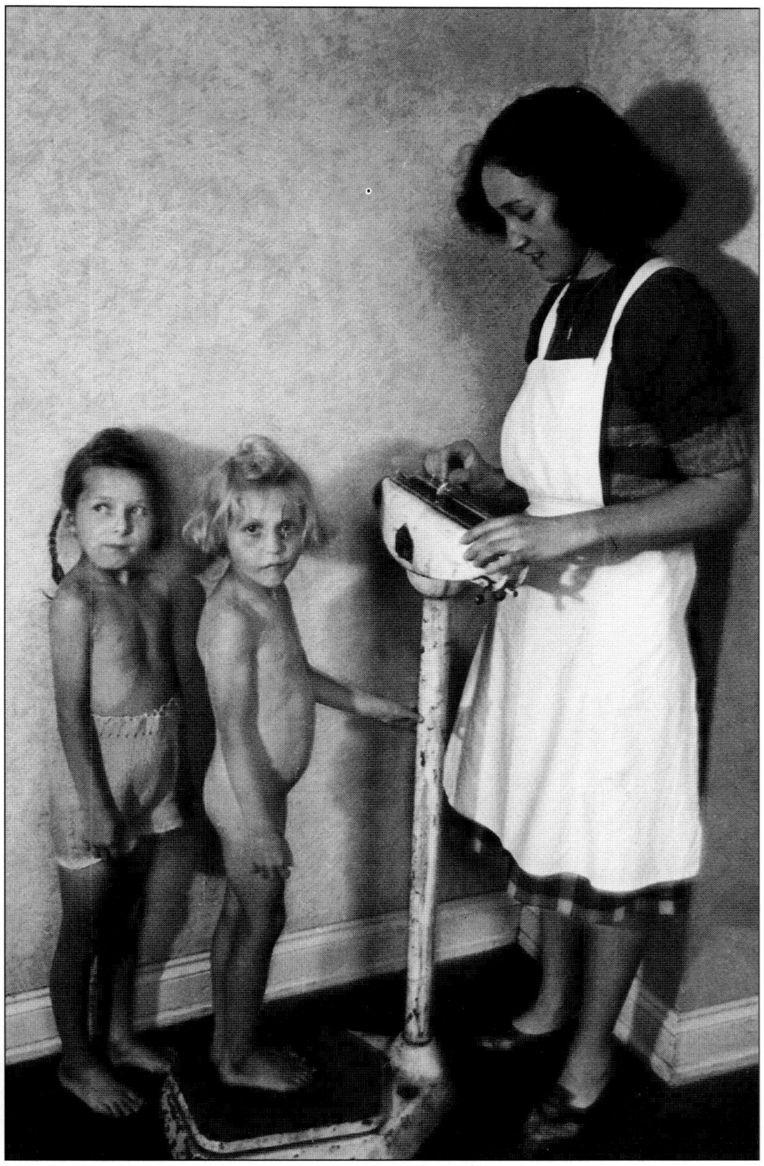

In den ersten Nachkriegsjahren wurden in Schulen größere Reihenuntersuchungen durchgeführt. Viele Kinder waren untergewichtig. Hungerödeme wurden jedoch nicht nur bei ihnen, sondern auch bei Erwachsenen festgestellt. 1946 wurde aufgrund verschiedener Erlasse der Aufsichtsbehörde und der Militärregierung das Gewicht von 11 000 Kindern aus unterschiedlichen Schulen kontrolliert. In jenem Jahr war die Kindersterblichkeit besonders hoch. In Kinderstätten wurden Kinder auch gewogen (Foto um 1947). Zur Stärkung bekamen sie neben zusätzlichen Speisungen Vitamintabletten und Lebertran.

VERSORGUNG

Die Tagesration eines Normalverbrauchers bestand im Jahr 1946 aus 178 g Brot, 50 g Fisch, 3 g Margarine, 12 g Butter, 15 g Fleisch, 2 g Käse, 1/8 l Milch, 286 g Kartoffeln, 70 g Gemüse, 16 g Marmelade, 18 g Zucker, 4 g Kaffeeersatz, 36 g Nährmittel und einer Zigarette. Doch die Zuteilungsrationen gab es oft nach langem Schlangestehen vor den Geschäften nicht mehr. Die allgemeine Lage auf den Märkten, mangelnde intakte Betriebe, Transportschwierigkeiten und der illegale Handel, in den Teile der Ware gelangten, trugen u. a. zu der schlechten Ernährungssituation bei. „Von Herbst 1945 an ließ die Militärregierung zwar 1 500 Kalorien täglich zu. Aber diese Menge wurde bis zur Währungsreform niemals wirklich ausgeliefert; sie sank immer wieder bis auf 800 Tageskalorien ab.“ Dies berichtete Dr. Walther Hensel, der damals das Dezernat für Ernährung und Versorgung führte, in seinem 1970 erschienenen Buch „3 x Kommunalpolitik“ auf Seite 89.

In Notküchen der „Düsseldorfer Nothilfe“, einer im Oktober 1945 gegründeten Arbeitsgemeinschaft der freien Wohlfahrtsverbände, wurde Essen verteilt. Auf Anordnung der Militärregierung wurden in städtischen Gartenanlagen Gemüse und Kartoffeln angebaut. Sehr hilfreich waren die Spenden aus dem Ausland, wie die bekannten Carepakete aus den USA.

Neben der Nahrung fehlten auch Kleidung und Dinge des Hausrats. Besonders die Schuhversorgung war schlecht. Dr. Hensel legte im November 1946 seine Prognose zur Bekleidungsnot nach damaligem Stand vor dem Stadtrat dar, die in seinem Buch auf Seite 83 nachzulesen ist: „Jeder Düsseldorfer muß 98 Jahre warten, um einen Anzug zu erhalten, während er ein neues Hemd schon nach 18 Jahren mit Aussicht auf Erfolg erhoffen kann. Die Unterhose allerdings muß wieder 19 Jahre halten. Die letzte unserer jetzigen Einwohnerinnen wird, wenn der Reihe nach verteilt wird, in 350 Jahren ihren ersten Wintermantel in Empfang nehmen dürfen.“

Wie in vielen nordrhein-westfälischen Städten, gab es auch in Düsseldorf eine „Hungerdemonstration“ (Foto rechts). Die Düsseldorfer legten nach einer Aufforderung des Ortsausschusses der Gewerkschaften die Arbeit nieder und gingen am 28. 3. 1947 auf die Straße. Rund 80 000 demonstrierten. Im Hofgarten fand eine Kundgebung statt. Dort fragten nach dem Bericht der „Rheinischen Post“ vom 29. 3. 1947 die Gewerkschaftssekretäre: „Wie ist es möglich, daß wir hungern müssen angesichts der unbestreitbaren Tatsache, daß in der Welt genügend Lebensmittel vorhanden sind, um alle Menschen

Verkaufsstände an der Flinger Straße um 1947/48. Im Hintergrund die Neanderkirche.

Hunger! Fort mit dem
Reichsnährstand!

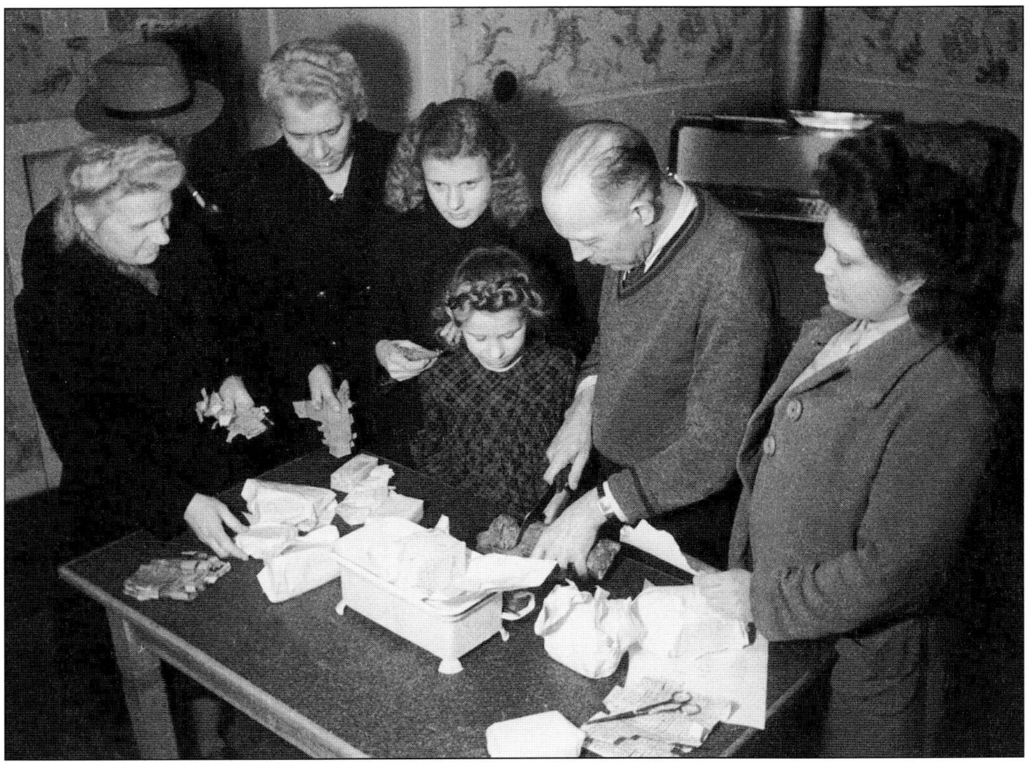

satt zu machen? Wenn wir aber schon zugrunde gehen sollen, dann sollte man uns doch nicht langsam verhungern lassen, dann mache man es schnell und nicht auf kaltem Wege." Sie resümierten: „Hätte man unsere Industrie sofort voll anlaufen lassen, hätte man uns nicht unsere Kohlen genommen, hätte man nicht die unselige Einteilung Deutschlands in vier Zonen vorgenommen, dann wäre es nicht zu dieser Katastrophe gekommen!" In einer an die Landesregierung, Stadtverwaltung und an den Stadtkommandanten gerichteten Entschließung forderten sie „Sofortmaßnahmen zur Behebung der Notlage", da „die gesamte Bevölkerung am Ende ihrer Kraft wäre". Oberbürgermeister Arnold und Vertreter der Militärregierung sicherten zu, sich dafür einzusetzen.
Das Foto von 1948 zeigt die Ausgabe von Lebensmitteln gegen Marken.

▼ Hamstern auf dem Land im Jahr 1947.

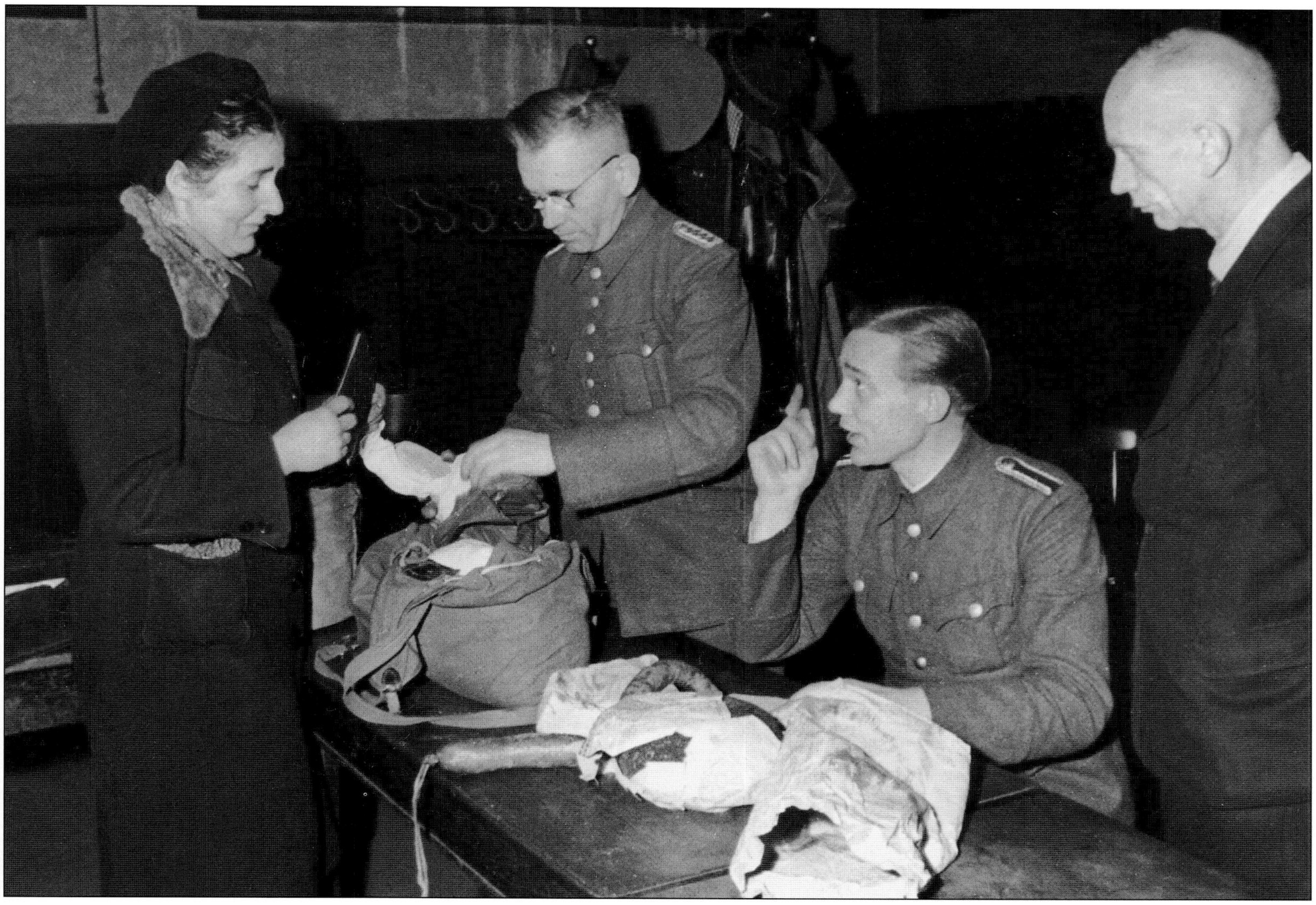

▲ In Anbetracht der schlechten Versorgungslage wurden Tauschhandel, Hamstern und der Schwarzmarkt zum Überleben wichtig. Das untere Foto auf Seite 20 zeigt eine Hamsterszene im August 1947. Die Düsseldorfer fuhren zu den Bauern und boten Habseligkeiten zum so genannten „Kompensieren" an. Doch nicht immer kamen sie mit ihrem Hamstergut auch zu Hause an. Bei Razzien wurde ihr Gut häufig von deutschen Hilfspolizisten beschlagnahmt (Foto Februar 1948).

◀ Scharfe Kontrollen fanden auch auf den „Schwarzen Märkten" in der Stadt statt (Foto März 1948, Schwarzmarkt in der Altstadt). In der Not stieg die Kriminalität. Einbrüche, Diebstähle – besonders Lebensmitteldiebstähle aus Geschäften, Wohnungen und aus Eisenbahnwagons –, Betrug und Sittlichkeitsdelikte nahmen zu. Auch „falsche Kriminalbeamte" waren unterwegs und beschlagnahmten unerlaubt Waren.

DER „TAG X“ IN DÜSSELDORF

Am Sonntag, dem 20. 6. 1948, fand die Währungsreform in der Westzone statt. Pro Kopf wurden 40 DM ausgezahlt. In Düsseldorf verlief der „Tag der Zäsur“ unter Obacht „stark bewaffneter Polizeikräfte“ ohne Zwischenfälle ab. Wie die „Rheinische Post“ am 21. 6. 1948 berichtete, war die Bevölkerung ruhig und reserviert. „Sind diese Menschen nicht mehr fähig, ihrer Hoffnung oder Enttäuschung, ihrer Freude oder ihrem Unmut Ausdruck zu verleihen? Haben Skepsis und Apathie den Sieg davongetragen?“, fragte die Zeitung daraufhin. Ihre Beobachtung: „Da standen die Leute in Grüppchen zusammen und betrachteten und befühlten die neuen Scheine – und kritisierten. Dem einen mißfiel die Form, dem anderen die Farbe (beides sei undeutsch), ein dritter vermißte das Wasserzeichen, ein vierter die Strafbestimmung für den Mißbrauch der Noten, und zuletzt wurde eingewandt, es fehle der Hinweis, von welcher Stelle das Geld überhaupt ausgegeben worden sei: Gründe genug, um Mißtrauen zu säen. Und es meldeten sich schon bald Stimmen, die der neuen Währung nur eine kurze Lebensdauer voraussagten.“ Doch diese Kritiker, „Währungsdefaitisten“, waren nach Beurteilung der Zeitung hauptsächlich die „Nutznießer der bisherigen korrupten Zustände“. Die „arbeitende Bevölkerung“ wünschte und hoffte, dass es nun „für ehrliche Arbeit wieder ehrliches Geld“ geben würde.

▲ Das Foto zeigt eine Traube von Menschen vor einer Auszahlungsstelle, in der die „Kopfquote“ ausgegeben wurde. Die Tafeln informierten über die Aufteilung nach Straßen.

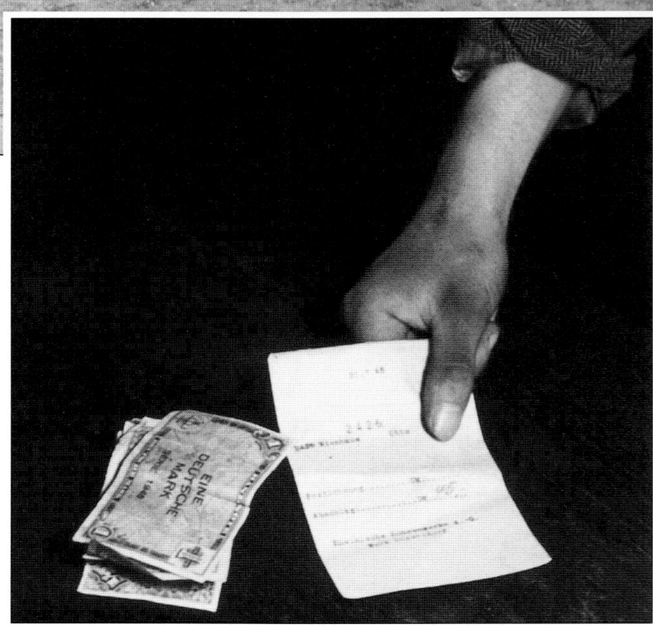

▶ Auf dem Foto von 1948 sind Geldscheine der neuen Währung zu sehen, die ein Arbeiter wohl erhalten hat.

ANGEBOT NACH DER WÄHRUNGSREFORM

Nach der Währungsreform veränderte sich die Quantität und Qualität des Angebots in den verschiedenen Läden und Geschäften schlagartig, jedoch nicht die Kaufkraft der Menschen. Die „Rheinische Post" stellte nach einer Tour durch Düsseldorf am 23. 6. 1948 fest: „Man konnte selbst bei flüchtiger Betrachtung am Montagmorgen eine wesentliche Veränderung in der Stadt bemerken: Die Straßenbahnen waren nicht mehr überfüllt, in den Bäckerläden lagen schon zeitig weißes Brot und Gebäck zum Verkauf. Gemüse wurde frei angeboten, und auch Gebrauchsgegenstände, vom Bügeleisen bis zum Rundfunkgerät, waren zu normalen Preisen ausgestellt. Mein Gott, wenn man jetzt Geld hätte, mag mancher insgeheim gedacht haben. Aber man weiß ja nicht, was kommt ... Das Kopfgeld beschränkt die Kaufkraft auf die notwendigsten Dinge." Nach der Währungsreform wurde der Besuch von Lokalen, Theatern, Kinos und anderen Vergnügungsstätten zunächst geringer. Gegen den Schwarzmarkt ging die Stadt nach dem „Tag X" mit verstärkten Kontrollen vor – denn „neues sauberes Geld" würde „schließlich auch zu neuen, sauberen Verhältnissen im Wirtschaftsleben unserer Städte verpflichten", so das „Rhein-Echo" am 3. 7. 1948. Zahlreiche Schwarzhändler wurden im Schnellgericht verurteilt.

▲ „Die Schlange, der die Währungsreform den Kopf zertreten, ist noch nicht tot. Am Donnerstag früh tauchte dieses Untier aus dem Meer des Vergessens vor dem Westdeutschen Kaufhof wieder auf." So begann der Bericht der „Rheinischen Post" vom 2. 10. 1948 über ein Geschäftsereignis nach dem „Tag X". Am 30. 9. 1948 wurde der Kaufhof am Corneliusplatz wieder eröffnet. Als „ein Wunder aus Schutt und Asche, ein Kleinod einer Verkaufsstätte" bezeichnete der Vertreter des Wirtschaftsministeriums das Kaufhaus, das während des Krieges schwer beschädigt wurde. Viele Menschen, die auf Einlass vor den Türen und den „großartigen Schaufenstern" dieses „Wunders" warteten (Foto), strömten um 11 Uhr in den fertig gestellten Verkaufsbereich im Erdgeschoss. „Nirgendwo war ein Schild ‚Verkauft' (...) Es wurde gekauft, gekauft. Da es alles gab, alles, was es gab", so die Zeitung.

◀ Prächtige Schaufenster boten neben dem Kaufhof auch die Geschäfte auf der Königsallee (Foto August 1948, Porzellangeschäft), die ihre Waren nicht nur in Schaufenstern, sondern auch direkt auf dem Boulevard in Vitrinen, die diese „wie im Orient auf die Straßen und doch wieder nicht" tragen würden, präsentierten. Die „Westdeutsche Zeitung" stellte die „ganz neue und in Düsseldorf noch nicht gekannte Einrichtung", die auf dem Kurfürstendamm im „Berlin des Friedens" entdeckt und in Düsseldorf zunächst auf der Schadowstraße eingesetzt wurde, am 15. 11. 1948 kurz vor.

▲ Das Foto von 1949 zeigt das Schuhhaus Prack auf der Flinger Straße während des Sommerschlussverkaufs im Juli/August 1949.

◀ Nach der Währungsreform war der Großmarkt an der Ulmenstraße wieder gut gefüllt. Auf dem Foto von 1948 sind im Hintergrund die im Krieg schwer beschädigten Hallen zu sehen. Im Großmarkt fand im September 1946 die erste Hundeausstellung nach dem Krieg statt. Sie übertraf „mit fast 850 Meldungen" alle vorangegangenen Ausstellungen („Rheinische Post", 21. 9. 1946).

„Eene Penning" für die Düsseldorfer Radschläger? Nicht wenige Kinder und Jugendliche waren nach Kriegsende ohne Vater oder Mutter, viele hatten ihr Zuhause verloren. Sorge bereitete die wachsende Anzahl der „umherziehenden Jugendlichen", die eine „große Gefahr für die Allgemeinheit bildeten, da sie auf Dauer völlig verwildern" würden („Rheinische Post", 3.4. 1946). Die nicht sinken wollende Kriminalität unter den Jugendlichen war ein weiteres Problem. Berühmt-berüchtigt war die „Hellweg-Bande", die bewaffnet rund 60 Einbrüche verübte und die gestohlene Ware an Hehler verkaufte. Die Jugendlichen, die die „Rheinische Post" am 13. 3. 1946 als eine „traurige Jugendriege" und als „entartete Kinder" bezeichnete, wurden zu langen Haftstrafen verurteilt. Die britische Militärregierung und die deutschen Verantwortlichen waren nach der Besetzung bestrebt, die Schulen, die seit Oktober 1944 geschlossen waren, bald wieder zu öffnen, um die Kinder von den Straßen zu holen. Doch zahlreiche Schulen waren zerstört. Intakte Gebäude wurden zu anderen Zwecken genutzt, z. B. als Notunterkünfte für Ausgebombte. Am 6. 8. 1945 wurden auf Anordnung der britischen Besatzung 47 Volksschulen geöffnet. Im Herbst 1945 öffneten auch wieder die höheren Schulen, die schulgeldpflichtig waren. Die Schulbedingungen waren schwierig. Es herrschte Mangel an Lehrern, Lern- und Lehrmitteln. Streit entstand bei der Frage hinsichtlich der Einführung von Konfessionsschulen, für die sich die meisten Düsseldorfer Eltern in einer Abstimmung entschieden hatten. Die Zahl der Schüler nahm in den ersten Nachkriegsjahren durch die allgemeinen Rückkehrströme schnell zu, wobei das Schulraumangebot nicht gleichermaßen mitziehen konnte.

▲ Kinder schlagen ein Rad am Rheinufer vor den Altstadtwahrzeichen – „Düsselschlößchen", Lambertuskirche und Schlossturm –, die alle während des Krieges beschädigt worden sind (Foto um 1947). Die Reste des 1902 errichteten „Düsselschlößchens", des beliebten Weinlokals, wurden nach dem Krieg im Zuge der Verkehrsplanung ganz abgerissen.

◀ Ein kleiner Junge bei der Arbeit im Januar 1948. Nach der Schule sammelten Jungen in den Trümmern Ziegelsteine, die sie verkauften. Sie waren nicht selten wichtige Mitverdiener in ihren Familien.

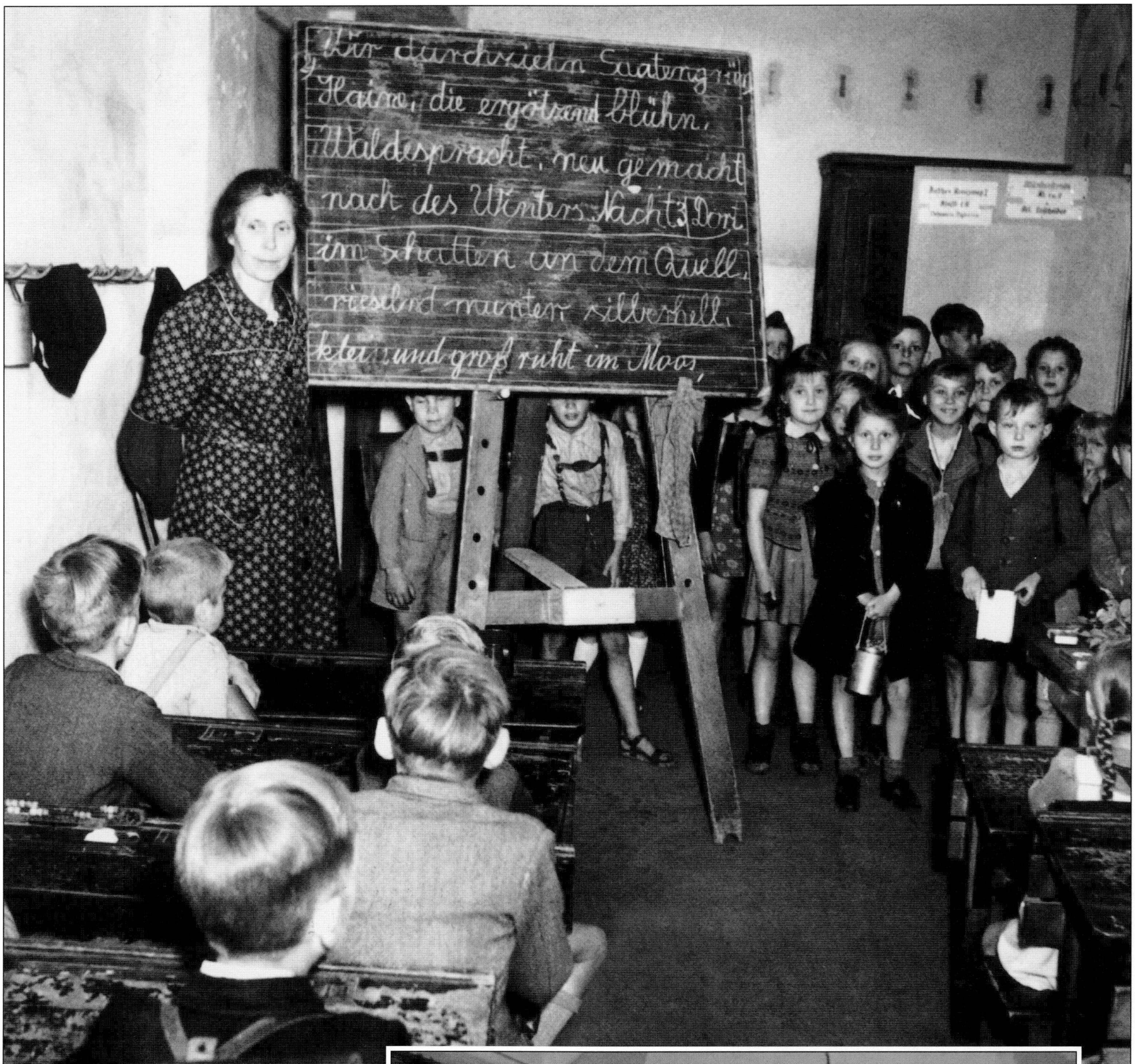

▲ Am 17. 10. 1945 öffnete die Volksschule im Bunker am Rather Kreuzweg (Foto 1945). Über 900 Kinder wurden dort in Schichten unterrichtet.

▶ Die Speisungen in Schulen und Kindergärten waren wichtig für die Ernährung der Kinder. Sie konnten dank Spenden ab 1945 bis 1950 gegen ein Entgelt ausgegeben werden. Fünf- bis sechsmal in der Woche erhielten die Kinder herzhafte und süße Suppen. Das Foto von 1946 zeigt eine Essensausgabe im ehemaligen Luftschutzkeller einer Schule.

▲ Verschiedene in- und ausländische Organisationen luden bedürftige und kranke Kinder zu Erholungsferien ein (Foto um 1949, Düsseldorfer Hauptbahnhof). Die englische Stadt Reading nimmt hierbei einen besonderen Platz ein. Phoebe Cusden, die damalige Oberbürgermeisterin von Reading, organisierte – nach einem Düsseldorf-Besuch im Jahr 1947 und betroffen von der Not der Einwohner – verschiedene Spendenaktionen und längere Erholungsaufenthalte für Düsseldorfer Kinder in ihrer Stadt. Zwischen Düsseldorf und Reading entwickelte sich eine bis heute bestehende Städtefreundschaft.

▼ Neue Heime für Kinder und Jugendliche wurden gebaut. Manche schufen auch ihre eigene „Heimstatt". So berichtete die „Rheinische Post" am 27. 8. 1949 über einige verwaiste Jugendliche, die einen zerstörten Luftschutzbunker an der Höhenstraße umbauten. Über hundert junge Männer lebten dort, wurden von Patenfamilien sowie mit Spenden unterstützt und hatten eine Arbeit (Foto 1949).

Neben den Schulen öffneten nach Kriegsende bald auch wieder die Akademien. Im November 1945 begannen die Vorlesungen in der Medizinischen Akademie, die im Juli 1948 ihr 25-jähriges Bestehen feierte. Am 16. 9. 1946 wurde eine neue Einrichtung, die Akademie für Staatsmedizin, in der Mediziner auf die Tätigkeit als Amtsarzt vorbereitet wurden, eingeweiht. Anfang 1946 öffneten die während des Krieges stark beschädigte Staatliche Kunstakademie Düsseldorf und das Robert-Schumann-Konservatorium, das sich ein Gebäude in der Inselstraße mit dem Kulturamt teilen musste und 1947 ein Seminar für katholische Kirchenmusik neu einrichtete.

◀ Das Foto (um 1947) zeigt Kunststudenten bei Studien.

▼ Über das nicht einfache Studentenleben nach der Währungsreform berichtete die „Rheinische Post" am 10. 7. 1948 unter dem Titel „cand. med. Schaffnerin". Über 40 Medizinstudenten wechselten nach den Vorlesungen ihren Kittel gegen den „Straßenbahnerrock" und jobbten – nach Instruierung durch die Rheinbahn – als Schaffner, um das Studium und den Lebensunterhalt finanzieren zu können (Foto 1948). Viele trugen den „Rock" schon morgens, „weil es oft ihr einziger" war. Andere Medizinstudenten arbeiteten neben dem Studium bei der Post, Kunststudenten als Bauarbeiter in der Akademie.

WIRTSCHAFT

„Wissen Sie, daß Düsseldorf durch den Krieg 90 000 Arbeitsplätze verloren hat, – daß 26 Werke in Düsseldorf demontiert werden, – daß damit 25–30% der gesamten Maschinenindustrie verlorengingen, – daß Düsseldorf andererseits in der R E M O N T A G E seiner Industrie die größten Erfolge in der britischen Zone aufweist, – überhaupt dafür gar nicht geworben wurde, sondern daß die Firmen sich drängen, in Düsseldorf sich niederlassen zu können, – daß bereits wieder 260 Betriebe mit 7 000 Menschen zusätzlich arbeiten, und – daß heute die größte Chance für Düsseldorf gegeben ist, sich das verlorene Gebiet wieder zu erobern, wenn unsere Verwaltung und die Stadtverordneten weitsichtig sind und die Bürokratie ausnahmsweise einmal versucht, alle ihre Ambitionen auszuschalten???“ So begann ein Bericht der „Westdeutschen Zeitung“ vom 1. 10. 1948 über die damals aktuelle sowie über die mögliche zukünftige Düsseldorfer Wirtschaftslage in Hinblick auf „200 neue Projekte und 600 Anträge auf Industrieansiedlung“. Die Wirtschaft lag nach Kriegsende brach. Industriebetriebe waren zerstört, Unternehmen wurden entflochten, die Produktionen waren – auch durch die Versorgungslage erschwert – eingeschränkt. Doch die Wirtschaft startete in der Stadt, in der im Oktober 1946 die „Treuhandverwaltung der North German Iron and Steel Control“ geschaffen wurde. Die Kriegsfolgen für die ostdeutschen Betriebe, der nicht allzu hohe Zerstörungsumfang in der Stadt und Düsseldorfs geographische Lage brachten der Rheinmetropole beim Wieder- und Neuaufbau ihrer Wirtschaft große Vorteile, neue Chancen und Gewinne – besonders im Bereich des Ausstellungswesens.

◀ Das Foto wurde im Dezember 1945 in der Gerresheimer Glashütte aufgenommen. Sie produzierte nach Information der „Neuen Rheinischen Zeitung“ vom 8. 9. 1945 in jenem Jahr täglich 70 000 Flaschen und Medizingläser.

◀ Das Foto von 1949 zeigt die Demontage der Stoßbank im Rather Werk der Röhrenwerke des Mannesmann-Konzerns, der auch entflochten wurde.
Gegen die Demontage protestierten die Firmen und Belegschaften. Die Spitzenfunktionäre der Gewerkschaften hielten sich jedoch wohl lange Zeit zurück, wie Franz Specks in seinem Aufsatz „Im Zeichen des Zwangs“, der im 1986 erschienenen Katalog „1946 Neuanfang: Leben in Düsseldorf“ veröffentlicht wurde, auf Seite 82 bemerkte.

Am 1. 5. 1946 fand im Rheinpark die erste Maikundgebung nach dem Krieg statt (Foto rechts). Der „Festtag der Arbeit“ hatte „nichts von pseudosozialistischer Aufmachung mit vergoldeten ‚Hoheitsabzeichen‘, wenig von dröhnender Blechmusik, eine Prise nur sozusagen, nichts wiederum von militaristisch-‚zackigen‘ Aufmärschen befohlener Arbeitermassen, von verlogenen Phrasen der Naziideologie und der Beweihräucherung eines Menschen, den man ‚den Führer‘ nannte – es war (...) ein Tag voll Hoffnung und zager Wünsche um eine neue bessere Zukunft.“ So begann der Bericht der „Rheinischen Post“ vom 4. 5. 1946 über die Maikundgebung, bei der Oberbürgermeister Arnold in seiner Rede hervorhob, dass „der arbeitende Mensch, der die Kraft und den Willen zur sozialistischen Neugestaltung habe, im Mittelpunkt der menschlichen Gesellschaft stehe“ und „der deutsche Arbeiter, fest entschlossen, die letzten Reste der Reaktion auszuräuchern, durch Handlung und Gesinnung die Welt von seinem ehrlichen Aufbauwillen überzeugen wolle“. „Die Organisation der Einheitsgewerkschaft“, die am 9. 12. 1945 in Anwesenheit von Vertretern der Militärregierung und britischen Gewerkschaftsvertretern gegründet worden war, wäre am 1. 5. 1946 „zum Symbol der Einheit aller Schaffenden überhaupt geworden, die Erfüllung einer alten Sehnsucht“, so Arnold.
Auf dem Gründungskongress des Deutschen Gewerkschaftsbundes für die Bundesrepublik im Oktober 1949 wurde Düsseldorf als zentraler Sitz gewählt.

„Zum Saubermachen – Henkelsachen!“ hieß 1948 der Werbeslogan auf den VW-Käfern des Unternehmens „Henkel“ (Foto S. 31 oben, 1948), das auch von der Demontage betroffen war, aber bis Ende der 40er Jahre schon wieder verschiedene neue Produkte, wie den Lederkleber „Pattex“ 1947 und das Feinwaschmittel „Perwoll“ 1949, und alte Produkte, wie „Fewa“ 1949, auf den Markt brachte.
Bis 1948 haben sich viele Firmen mit unterschiedlichen Schwerpunkten, u. a. aus den Bereichen Mode (Foto links, Modeatelier um 1948), Maschinenbau, Chemie, Elektrotechnik und Feinmechanik, in Düsseldorf angesiedelt und schufen neue Arbeitsplätze in der Stadt. Im März 1948 präsentierten sie sich auf der „Neusiedler-Ausstellung“ des Wirtschaftsplanungsamtes der Stadt. Eine „Wirtschaftslenkungsstelle“, der Vorläufer des Wirtschaftsplanungsamtes, wurde zur Steuerung der Ansiedlungsanträge bereits im November 1945 eingerichtet.
Viele ehemals ostdeutsche Firmen wählten nach dem Krieg Düsseldorf als neuen Standort, so z. B. die Lingner-Werke aus Dresden, die das Mundwasser „Odol“ herstellten, und die Auto-Union, die Autos und Motorräder produzierte (Foto S. 31 unten, DKW 3,6 auf dem Fließband im Werk an der Heinrich-Ehrhardt-Straße, um 1952). Letztere entschieden sich für Düsseldorf als Sitz aufgrund der Nähe zur „Rohstoffbasis Ruhrgebiet“ und des „Vorhandenseins mit verhältnismäßig geringen Mitteln ausbaufähiger Werkshallen im Komplex Rheinmetall“ („Westdeutsche Zeitung“, 14. 3. 1949).

Autos des Unternehmens „Henkel“ in Düsseldorf im Jahr 1948.

Produktion im Düsseldorfer Werk der „Auto-Union“ um 1952.

◀ Nach 1945 wurde Düsseldorf „im Banken- und Börsenwesen zum wichtigsten Platz des Landes Nordrhein-Westfalen“ (F.-W. Henning, Düsseldorf und seine Wirtschaft. Bd. 2, Düsseldorf 1981, S. 716). In Düsseldorf situierten sich die – aufgrund der Zerschlagung der Großbanken – für Nordrhein-Westfalen neuen zuständigen Regionalbanken, so die Rhein-Ruhr-Bank, spätere Dresdner Bank, die Rheinisch-Westfälische Bank, spätere Deutsche Bank, und der Bankverein, spätere Commerzbank (Foto 1950). Auch diverse Spezialbanken siedelten sich in der Nachkriegszeit an, so 1949 die Industriekreditbank. Bereits am 1.4. 1946 wurde die Rheinisch-Westfälische Börse wieder eröffnet, am 2.5. 1949 wurde der amtliche Verkehr aufgenommen.

▼ Düsseldorf strebte nach dem Krieg auch die Entwicklung zum westdeutschen Filmzentrum an. Im „Haus des Films“ an der Grabenstraße situierten sich einige Verleih- und Produktionsfirmen, im Carsch-Haus die amerikanische Firma „Moves Pictures“. Ende der 40er Jahre wurde auch ein „Haus der Filmtechnik“ mit einer technisch-künstlerischen Filmschule aufgebaut und ein ehemaliger Luftschutzbunker in Benrath zu einem Filmstudio umgebaut. In diesem Filmstudio drehte die Produktionsfirma „Euphono“ auch Teile ihres ersten Films, der den Titel „Gesucht wird Majora“ trug. Es war die erste Nachkriegsfilmproduktion in Nordrhein-Westfalen. Das Foto von April 1949 ist bei Außenaufnahmen in der Altstadt entstanden.

▲ Nach dem Krieg startete die traditionelle Ausstellungsstadt Düsseldorf mit der am 7. 1. 1947 gegründeten Nordwestdeutschen Ausstellungsgesellschaft mbH, kurz NOWEA, in eine neue Messedimension mit der Fokussierung auf die Ausrichtung von Fachmessen. Träger der Gesellschaft waren die Stadt Düsseldorf, die Industrie- und Handelskammer und die Handwerkskammer Düsseldorf. Nach der Wiederherstellung des alten Ausstellungsgeländes am Ehrenhof fand vom 1. bis 30. 11. 1947 die erste Fachausstellung statt. Die „Deutsche Presseausstellung" präsentierte im Ausstellungspalast des Ehrenhofs einen Überblick nicht nur über die Entwicklung der Presse nach dem Krieg. Unter anderem wurden auch Einblicke in die Geschichte der Presse, in alte und neue Drucktechniken, in die Redaktions- und Verlagsarbeit geboten. Auf der Messe erschien täglich eine spezielle Zeitung, „Die Presse", in einer Auflage von 5 000 Stück. Insgesamt 207 000 Besucher wurden gezählt.

◀ 1948 fanden bereits neun Fachausstellungen statt, darunter im April eine Friseurbedarfsmesse, in deren Rahmen die erste Zonenmeisterschaft der Damenfriseure mit mehreren tausend Zuschauern im Ehrenhof ausgerichtet wurde. Hans Sievers aus Gelsenkirchen gewann den Wettbewerb. Nach einem Bericht der „Rheinischen Post" vom 28. 4. 1948 mussten die 20 teilnehmenden Coiffeure hochgekämmte Tages- und Abendfrisuren in wenigen Minuten kreieren.

Vom 7. bis 12. 3. 1949 fand die erste „Verkaufs- und Modewoche" der gegründeten IGEDO, der „Interessengemeinschaft für Damenoberbekleidung", mit 24 Firmen im Ausstellungspalast statt. Düsseldorf war auf dem Weg, „das" deutsche Modezentrum zu werden, nachdem Berlin als Zentrum durch die Abschottung in der Ostzone ausfiel. „Die heimatlos gewordene Damen-Modeindustrie, Fabrikation wie Modellschöpfung suchte nach einem neuen Kernpunkt, und die Wahl fiel (...) deshalb auf Düsseldorf, weil diese Stadt mitten zwischen den bedeutendsten Textilerzeugungsgebieten Westdeutschlands, zwischen M.Gladbach-Rheydt im Westen und dem bergisch-märkischen Bezirk im Osten, liegt, dann aber auch, weil sie Mittelpunkt eines stark bevölkerten Landstriches ist, endlich aber, weil die sprichwörtliche, aufs Modische gerichtete Eleganz der Stadt dazu einlud." („Westdeutsche Zeitung", 7. 3. 1949)

▲ Im Rahmen der 2. Modemesse fand am 9. 7. 1949 eine Modenschau der IGEDO auf der Königsallee statt. Die rund 15 000 Zuschauer konnten bei einer Verlosung die vorgeführten Kleider gewinnen. Der Erlös ging für Kriegsopfer und Flüchtlinge an das Wohlfahrtsamt.

◀ Vom 25. 3. bis 3. 4. 1949 fand in allen Gebäuden des Ehrenhofs die „Gaststätten- und Hotelfachschau" statt. Nach einem Bericht der „Westdeutschen Zeitung" vom 25. 3. 1949 wurden unter anderem Großküchenanlagen, Küchengeräte, Möbel, diverse Erzeugnisse – „vom Tomatenmark bis zum Weinbrand und vom Senf bis zur Englischen Soße" – und viele andere Bedarfsartikel für Gastronomie und Hotellerie angeboten. In einer „Musterkonditorei" konnten die über 200 000 Besucher aus dem In- und Ausland „markenfrei Kuchen essen".
Das Foto zeigt den Ehrenhof während der Messe. Zu sehen ist vorne die Mannesmannstahlbrücke und der Turm mit dem „Gaststättenmännchen".

▲ Im Rahmen der „Gaststätten- und Hotelfachschau" fanden am 31.3. 1949 auf der im Nebel versunkenen Königsallee die ersten Kellnerwettrennen des Hota-Sportverbandes in Düsseldorf statt. Albert Kuhn vom „Benrather Hof" gewann das erste Rennen und erhielt ein Fahrrad. Im Nachwuchswettbewerb siegte Heinz Schmidt vom „Tabaris".

▼ Im Oktober 1949 erweckte eine andersartige Ausstellung ganz besonders das Interesse der Düsseldorfer Bevölkerung. In der Ausstellung „Stadtplanung Düsseldorf" wurden die von der Stadtvertretung und -verwaltung beschlossenen Neuordnungspläne, an denen der Stadtplaner Friedrich Tamms entscheidend mitwirkte, gezeigt. „Ältere Ehepaare", „Hausfrauen mit der Einkaufstasche", „Handwerker im einfachen Alltagsgewand" und „eilige Geschäftsleute" sahen sich die Pläne im Ehrenhof an und wollten erfahren, wie „das Düsseldorf von morgen" ausschauen würde („Westdeutsche Zeitung", 5.10. 1949).

DÜSSELDORF – LANDESHAUPTSTADT

Über den Rundfunk erhielten die Düsseldorfer am 18. 7. 1946 die Mitteilung, dass die Nordrheinprovinz und die Provinz Westfalen vereinigt und Düsseldorf die Hauptstadt des neuen Landes Nordrhein-Westfalen werden würde. Die Motive der britischen Militärregierung zur Landesgründung und Hauptstadternennung waren wohl vielfältig. Die Düsseldorfer nahmen die Ernennung nur beiläufig und angesichts der herrschenden Not ohne große Begeisterung auf. Oberbürgermeister Arnold wies in der Stadtverordnetenversammlung am 5. 8. 1946 auf die „mit dieser Entscheidung verbundenen besonderen Opfer und Entbehrungen für weite Kreise der Bürgerschaft" hin (W. Hensel, 3 x Kommunalpolitik, S. 76). Am 28. 9. 1946, vier Tage vor der Eröffnung des Landtags im Opernhaus, ist in der „Rheinischen Post" zu lesen: „Düsseldorf ist Landeshauptstadt geworden. Vorläufig machen sich nur Nachteile bemerkbar. Zwölf Ministerien mit dem umfangreichen Beamtenapparat wollen untergebracht sein, dazu kommen noch die entsprechenden englischen Stellen. Es ist nicht mehr als recht und billig, wenn das ganze Land Nordrhein-Westfalen hilft, den nötigen Büroraum und die Wohnungen für diese Beamten zu schaffen." Trotz der neuen Aufgaben und der zusätzlichen Belastungen im wirtschaftlichen und sozialen Bereich glaubten Rat und Verwaltung, dass die „damit verbundenen Lasten durch Vermehrung der wirtschaftlichen und kulturellen Potenz auf die Dauer aufgewogen werden und künftigen Generationen zugute kommen" würden (W. Hensel, a. a. O., S. 76f.).

Das Foto wurde bei der konstituierenden Sitzung des nordrhein-westfälischen Landtags am 2. 10. 1946 im Opernhaus aufgenommen. Am Mitteltisch sitzen v. l.: der britische Luftmarschall Sir Sholto Douglas, Ministerpräsident Dr. Amelunxen und Zivilgouverneur Asbury. Der erste Ministerpräsident sagte in seiner Rede zur Eröffnung, dass „der Versuch, einen auf Gerechtigkeit und Wahrheit beruhenden Volksstaat aufzurichten, die letzte Möglichkeit für das deutsche Volk wäre, sein Erfolg oder Misserfolg würde über die deutsche Zukunft entscheiden. In einem verstörten, verbitterten und hungernden Volk könnte eine Demokratie nicht über Nacht errichtet werden. Der heutige Tag wäre ein erster vorsichtiger Schritt zur politischen Willensbildung und Selbstverantwortung unseres Volkes. Rhein und Ruhr wären die natürlichen Schwerpunkte des deutschen Wirtschaftslebens. Immer hätten hier freiheitliebende, kultivierte, zivilisierte Menschen gewohnt". Sir Sholto Douglas hob in seiner Rede die Bedeutung des Tages der Landtagseröffnung hervor, da er „die Zusammenlegung zweier historischer Gebiete und ihre Erhebung zum Range eines Landes als wesentlichen Bestandteil des zukünftigen deutschen Staates zeigen" würde („Rheinische Post", 5. 10. 1946).

Von 1946 bis 1949 fanden die Landtagssitzungen im Opernhaus und im Gesolei-Saal der Firma „Henkel" statt. Das Ständehaus war im Krieg stark beschädigt worden und wurde erst im März 1949 wieder eröffnet.

RELIGIÖSES LEBEN

Viele Düsseldorfer Kirchen wurden während des Zweiten Weltkrieges schwer beschädigt, wie die Johanneskirche, manche wurden auch zerstört, wie die Klosterkirche der Franziskaner oder die Rochuskirche, von der heute nur der alte Turm zu sehen ist. Wenig beschädigt wurden die Neanderkirche, die Maxkirche und die Lambertuskirche. Nach dem Krieg fanden Gottesdienste teilweise in Baracken, Kellern und im Freien statt. Die Kirchen und Gemeindemitglieder waren an einem schnellen Wiederaufbau der Kirchen, die sich wieder und neu ordnen mussten, interessiert und setzten sich dafür ein. Der allgemeinen Not versuchten die Katholische und Evangelische Kirche u. a. mit Speisungen, Kleidersammlungen und anderen Aktionen entgegenzutreten. Besonders um die Jugend kümmerten sie sich. Auch war die Mitwirkung beim geistigen und gesellschaftlichen Aufbau der Gesellschaft natürlich ein Schwerpunkt der Kirchen. So erstrebte die Katholische Kirche die „Verchristlichung der Gesellschaft", wie Norbert Schloßmacher in seinem Aufsatz „Neue Aufgaben im demokratischen Staat" im Katalog „1946 Neuanfang" auf Seite 319 erwähnte.

Nach dem Krieg entstand auch wieder eine jüdische Gemeinde in Düsseldorf, die u. a. Erholungsaufenthalte für ehemalige Lagerhäftlinge organisierte, eine Bücherei mit Kursangeboten in Hebräisch, Englisch und jüdischer Geschichte einrichtete und eine Sportgruppe gründete. Über diese Entwicklung informierte Dr. Barbara Suchy in ihrem Aufsatz „Zwischen den Zeiten", der auch im oben genannten Katalog erschienen ist.

◀ Eine der ersten großen Kirchenveranstaltungen war die „Katholische Woche" im September 1946. Zum Abschluss der „Woche" kam Kardinal Frings nach Düsseldorf. In seiner Rede an der Mariensäule vor Tausenden von Menschen „erinnerte er an ein Wort Pius XII., wonach die Kirche das Lebensprinzip der menschlichen Gesellschaft darstellen" würde („Rheinische Post", 25. 9. 1946).
Das Foto zeigt Kardinal Frings bei der Ansprache am Maxplatz, daneben sitzend Stadtdechant Kreuzberg (1. v. l.), Oberbürgermeister Arnold (3. v. l.), Oberstadtdirektor Dr. Hensel (2. v. r.), und der spätere Oberbürgermeister Gockeln (1. v. r.).

▶ Die ersten Fronleichnamsprozessionen nach Kriegsende fanden bereits 1945 statt. Das Foto ist am 16. 6. 1949 bei der Prozession durch die Innenstadt aufgenommen worden. Hinter dem Allerheiligsten, das unter dem „fast zweihundertjährigen Baldachin, unter dem schon Napoleon beim Einzug in Düsseldorf schritt" („Westdeutsche Zeitung", 17. 6. 1949), getragen wurde, folgten direkt hohe Vertreter des Landes und der Stadt, unter anderem Ministerpräsident Arnold und Oberbürgermeister Gockeln. Viele junge und ältere Düsseldorfer, unter ihnen wohl besonders viele Männer, standen am Wegesrand und verfolgten die Prozession. „Ich hätt nich jedacht, dat et noch eso viel Männer in Düsseldorf jibt!", bemerkte nach einem Bericht der „Rheinischen Post" vom 18. 6. 1946 ein junges Mädchen am Straßenrand.

▶ Eine besondere und in Deutschland damals einzigartige Kirche feierte am 30. 10. 1949 ihre Einweihung: die so genannte „Bunkerkirche" im Stadtteil Heerdt. Der „Ruhrkaplan" Dr. Carl Klinkhammer (Foto 1949, vor Bunkerkirche), der 1947 zum Pfarrer der Gemeinde St. Sakrament ernannt wurde, hatte die Idee, den widerrechtlich auf einem der Pfarrei gehörenden Grundstück stehenden Luftschutzhochbunker am „Handweiser" zu einer Kirche umzuwandeln, und setzte sich für die Realisierung tatkräftig mit den Gemeindemitgliedern ein. Der dreigeschossige Bunker mit einem turmähnlichen Anbau sollte zunächst zu einer Großgarage umfunktioniert werden. Nach längeren Verhandlungen, Umsiedlung der im Bunker wohnenden Familien und großen Umbaumaßnahmen, zu denen u. a. die Einsprengung von großen Fenstern zählte, entstand die neue Kirche mit über 1 000 Sitzplätzen. Zur ihrer Einweihung kam Kardinal Frings und feierte mit vielen Düsseldorfern den Gottesdienst. „Ein Bollwerk des Krieges" wäre zu einer „Stätte des Segens" umgewandelt worden, sagte er in seiner Predigt. Stadtdechant Kreuzberg nannte die Bunkerkirche „ein Mahnmal an die Verheerungen, die menschlicher Wahnsinn und Hochmut angerichtet hatten, aber auch an deren geistige Überwindung im Namen des Königs Christus" („Rheinische Post", 31. 10. 1949).

▶ Ein ganz anderes, bedeutendes Mahnmal wurde bereits 1946 an der Kasernenstraße enthüllt. „Hier stand die Synagoge der jüdischen Gemeinde in Düsseldorf. Sie wurde am 9. November 1938 ein Opfer des Rassenwahns. Von der stolzen Gemeinde leben von 3 500 noch 55 jüdische Mitbürger. Den Toten zum ehrenden Gedenken, den Lebenden zur Mahnung", stand auf der Gedenktafel der Stadt Düsseldorf, die am 9. 11. 1946 an jenem Platz enthüllt wurde, auf dem während der 40er Jahre ein Bunker und ein Parkplatz gebaut wurden. Rund 1 000 Menschen, darunter Vertreter der Militär- und Landesregierung, der Stadt, der Kirchen und der jüdischen Gemeinden, wohnten der Feier bei. Die „Rheinische Post" zitierte in ihrem Bericht am 13. 11. 1946 Auszüge aus der Rede des Oberbürgermeisters Arnold, auf dessen Anregung diese in Deutschland damals erste Gedenktafel ihrer Art geschaffen wurde. Er sagte hinsichtlich der Reichspogromnacht: „Man wollte dieses Verbrechen, zu dem staatlich legitimierte Brandstifter ausgesandt wurden, in eine Handlung des ‚zornigen Volkswillens' verfälschen, aber das Volk wollte von diesem abscheulichen und mordbefleckten Kainopfer nichts wissen! Nicht das deutsche Volk, sondern die destruktiven Kräfte der ganzen Welt hatten ein Regiment errichtet, das im Begriffe war, einen Mordanschlag gegen alles auszuführen, was wir unter abendländischer Kultur und Gesittung verstehen." Julius Dreifuß (Foto unten, am Pult), der Vorsitzende der jüdischen Gemeinde, stellte heraus: „Diese Tafel soll ewig daran erinnern, daß es eines Volkes unwürdig ist, Menschen zu versklaven oder gar zu töten, weil sie anderen Glaubens sind!" Dr. Suchy wies in ihrem Aufsatz „Zwischen den Zeiten" auf die Bemerkung eines Passanten beim Lesen der Tafelinschrift hin: „Schade, daß nicht auch die noch (gemeint sind die 55 überlebenden Juden) umgebracht worden sind." 1947 wurde der jüdische Friedhof in Gerresheim mehrmals geschändet.

▼ Die wenigen nach Düsseldorf zurückgekehrten Angehörigen der jüdischen Gemeinde gründeten im Sommer 1945 eine neue Gemeinde, die langsam wuchs. Ein Betsaal wurde ihr im Oberlandesgericht zur Verfügung gestellt. Im Dezember 1947 feierten sie dort Chanukka, das Lichterfest (Foto, links Meta Dreifuß, Mitte Julius Dreifuß). Ab 1946 wurde in Düsseldorf das „Jüdische Gemeindeblatt", die spätere „Allgemeine Jüdische Wochenzeitung", herausgegeben.

VERGNÜGUNGEN

Wie in vielen Städten, suchte auch die Bevölkerung Düsseldorfs Möglichkeiten, sich von dem schweren Alltag, von der Not und den Sorgen abzulenken. Das Verlangen nach Zerstreuung und Entspannung war groß. Doch viele Lokale, Vergnügungsstätten und Kinos wurden entweder durch Kriegseinwirkungen schwer beschädigt oder zerstört oder von der Besatzung, die auch instand gesetzte Hotels belegte, beschlagnahmt und zum Teil umfunktioniert. So wurde bis Ende der 40er Jahre aus dem bekannten Gastronomiebetrieb „Kurfürst“ an der Flinger Straße ein Kasino. Doch die Stadt Düsseldorf und die ansässigen Gastronomen und Hoteliers waren bestrebt, die Lokale und Hotels möglichst rasch wieder aufzubauen – auch in Hinblick auf die nach dem Krieg wieder wachsende Zahl an Tagungen und Messen in der Stadt, die zahlreiche Gäste anzogen. Der Fremdenverkehr, ein wichtiger Wirtschaftsfaktor in Düsseldorf, stieg nach dem Krieg stetig an – mit Ausnahme eines Tiefs nach der Währungsreform. Bereits Anfang 1946 waren 130 Gaststätten geöffnet, in denen für Düsseldorfer und Gäste täglich 25 000 Mahlzeiten gegen Marken ausgegeben wurden („Neue Rheinische Zeitung“, 19. 1. 1946). Neben dem Bahnhofsbunker, der bis 1947 als gewerbliche Unterkunft genutzt wurde, trat im Mai 1947 der Hochbunker an der Kasernenstraße als erstes Hotel. Zeitweise wurden aus Mangel an Übernachtungsmöglichkeiten Gästequartiere auf gepachteten Schiffen oder in einer Schule eingerichtet. Nach der Währungsreform konnten wieder alte und auch neue Hotels eröffnet werden, so zum Beispiel der „Breidenbacher Hof“ im Jahr 1950 und das neue „Hotel Eden“ 1949. Ab September 1948 wurde bereits das Gebäude des ehemaligen Predigerseminars in Golzheim als Gästehaus genutzt. Wie der Leiter des Verkehrsvereins der „Rheinischen Post“ im November 1949 berichtete, wurde „seit der Währungsreform ein Quartier, wo die Toilette im Zwischenstock liegen würde, als Zumutung betrachtet“ („Rheinische Post“, 30. 11. 1949).

◀ Schon in der frühen Nachkriegszeit öffnete der „Uerige", eine der ältesten Düsseldorfer Gaststätten, wieder seine Pforten – wenn auch in einer Notunterkunft. Das Schild mit der Mitteilung „Dr Uerige hät widder op", das auf dem Foto (um 1946) zu sehen ist, weist auf den Eingang des Lokals. Ein weiteres bekanntes Lokal, „Zum Schiffchen", war ab 1949 wieder für Gäste offen. Sie konnten „zu Einstandspreisen wie 1902 ein Bier für 5 und einen Schnaps für 3 Pfennige" trinken, wie Alfons Houben nach Erinnerungen von Herbert Schmitz-Porten in dem 1986 erschienenen Buch „Düsseldorf. Wie es damals war – wie es heute ist" auf Seite 17 des zweiten Bands vermerkte. Einige der im Krieg zerstörten Gaststätten wurden nicht mehr aufgebaut, so zum Beispiel das beliebte, im 19. Jahrhundert erbaute Restaurant „Ananasberg" im Hofgarten, das 1943 durch Bomben zerstört wurde. In den ersten Jahren nach 1945 gab es auch Neueröffnungen, so zum Beispiel im Spätsommer 1949 „Die goldene Treppe", ein Keller-Weinrestaurant von Alois Mainz in einem ehemaligen Luftschutzraum an der Graf-Adolf-Straße.

▲ Eine Menschentraube vor dem Eingang des „Tabaris" auf der Königsallee, der „elegantesten Vergnügungs- und Tanzstätte Westdeutschlands", zeigt das Foto von 1948. Carl Hemesath eröffnete das „Tabaris" Ende der 20er Jahre mit damals „neuartigen Lichteffekten und leuchtender Tanzplatte" (A. Houben, 100 Jahre Gastlichkeit, Düsseldorf 1986, S. 130). Im Juli 1949 feierte das Lokal, in dem verschiedene Künstler und Musiker gastierten, sein 20-jähriges Bestehen.

Ein beliebter, etwas andersartiger Treffpunkt nach Kriegsende war die Gaststätte im Opernhaus. Heinrich Riemenschneider machte auf Seite 279 in dem zweiten Band seiner mehrbändigen „Theatergeschichte der Stadt Düsseldorf", die 1987 erschienen ist, auf diese „Kantine" aufmerksam. Die Gaststätte war unter dem Namen „BUMS" bekannt. Dieser Name bezog sich auf eine Werbeanzeige im Programmheft – „Bei Uns Müssen Sie gewesen sein!". In dem Lokal, das nicht nur für Theaterleute offen war, gab es nur wenige Gerichte auf Lebensmittelmarken, doch Besucher konnten manch „verehrten" Künstler sehen und mit ihm in Kontakt treten.

Nach Information der „Neuen Rheinischen Zeitung“ vom 1. 8. 1945 konnten Ende Juli 1945 aufgrund „der Zusammenarbeit von Vertretern der deutschen Filmindustrie mit den zuständigen Dienststellen der Militärbehörde“ 136 Kinos im Rheinland ihren Betrieb wieder aufnehmen. Sie boten für deutsche Zuschauer ein wöchentlich wechselndes Programm. Es wurden zunächst bekannte ältere deutsche Spielfilme gezeigt, deren Inhalte vorher überprüft wurden, sodass „die gefährlichen Geschichtsklitterungen und die bösartigen Tendenzfilme der Filmpropagandisten der Goebbels-Aera“ nicht mehr in die Öffentlichkeit gelangten, wie die „Neue Rheinische Zeitung“ herausstellte. Am 30. 7. 1945 öffnete in Düsseldorf für deutsches Publikum unter anderem wieder der Europa-Palast an der Bahnstraße. „Damit ist nicht nur der Düsseldorfer Bevölkerung eine Unterhaltungsstätte von Format zurückgegeben, sondern die Zentrale am Niederrhein gewann mit diesem Theater auch ihren ersten Anziehungspunkt zurück“, kommentierte die oben genannte Zeitung die Eröffnung. Zu Beginn der Kinoöffnungen im Sommer 1945 stürmten die Besucher die verschiedenen wieder hergestellten oder provisorischen Filmtheater in den Stadtvierteln. Die von den Briten beanspruchte „Lichtburg“ auf der Königsallee konnten die Düsseldorfer erst ab Juni 1949 wieder zu verschiedenen Zeiten besuchen, nachdem sich Erstere im Nordpark ein englisches Kino errichtet hatten. Ende der 40er Jahre wurde nach einem Bericht der „Westdeutschen Zeitung“ vom 11. 4. 1949 der Bau des ersten „Non-Stop-Kinos“ der britischen Zone in dem wieder hergestellten Defries-Haus an der Graf-Adolf-Straße geplant. In dem mit 350 Sitzplätzen ausgestatteten Filmtheater sollten hauptsächlich die Wochenschau, Dokumentarfilme und andere „Aktualitäten“ gezeigt werden. Für Durchreisende, die nur eine kurze Zeit in der Stadt verbringen würden, sollte die Möglichkeit geboten werden, „die toten Stunden in angenehmer Weise verbringen zu können“.

Auf dem Foto von 1946 ist das UFA-Theater, das als Notkino im Saal der zerstörten Provinzial-Feuerversicherung am Kirchplatz untergebracht war, zu sehen.

Flanieren, Schaufenster schauen und Kaffee trinken auf der Königsallee im Jahr 1949. Das Foto zeigt ein vertrautes Bild, das nach seinen Motiven auch aus heutiger Zeit stammen könnte. Nicht nur Düsseldorfer, sondern auch ausländische Besucher zog es auf die Kö.
James Reston, Journalist der „New York Times“, besuchte 1949 Düsseldorf und bezeichnete laut „Rheinischer Post“ vom 20. 8. 1949 die Königsallee als „die erstaunlichste Straße in Deutschland“. Sein Eindruck: „Sie führt durch das Herz dieser schwer zerbombten Stadt und wirkt wie ein Bazar auf einem Friedhof. Die Königsallee repräsentiert heute ebensowenig Deutschland, wie der Glanz von Bond Street die wirtschaftlichen Verhältnisse in England widerspiegelt. Doch sind die Läden in den übel zugerichteten oder eilig reparierten Häusern angefüllt mit Luxuswaren, die der Fifth Avenue würdig wären, und lassen den schnellen Fortgang, den Einfallsreichtum und die Möglichkeiten von Deutschlands wirtschaftlichem Wiederaufstieg erkennen.“ „Ein Kleid von Pierre Balmain aus Paris“, „ein Filet Mignon“, „importierte Popelinehemden“, „Wollgabardineanzüge“, „handbestickte weiße Glacéhandschuhe“, „schöngeistige Literatur“ und viel mehr würden auf der Allee angeboten. Er resümierte: „Noch vor zwei Jahren handelte es sich hier ausschließlich darum, wie man sich nach Möglichkeit am Leben erhielt. Heute beschäftigen sich die Deutschen mit anderen Fragen: wie sie sich ihr Leben einrichten sollen, welche Regierung sie sich wählen und wo sie leben wollen. Die Königsallee sorgt nicht für Lebensnotwendigkeiten, sondern für das Wohlleben. Sie erweckt daher einen Eindruck von Stabilität, wie ihn eine Wirtschaft noch nicht beanspruchen kann, die viel zu sehr von der Weiterführung der Marshallplanhilfe abhängig ist. Nichtsdestoweniger reiht sich in den Seitenstraßen der Königsallee Laden an Laden mit einer reichen Auswahl an Konsumgütern, die in Deutschland hergestellt sind und Anspruch auf Qualität wie auf Menge erfüllen. Diese Läden sind kein Ersatz für Wohnungen. Noch leben 50 000 Familien in Nordrhein-Westfalen in Kellern und Ruinen. Aber die Einwohner der Stadt haben jetzt eine Währung, in die sie Vertrauen setzen. Sie haben etwas, was sie kaufen können. Die Fußgänger vor den Schaufenstern der Königsallee und die Produktionsziffern des Ruhrgebiets lassen darauf schließen, daß sie dafür arbeiten möchten, was sie jetzt in den Läden sehen.“

Am 25.7. 1945 erinnerte die „Neue Rheinische Zeitung“ wehmütig an das Schützenfest. Die Düsseldorfer mussten ein wenig auf die Zelebrierung ihrer Feste, die sie von der Not ablenkten und an „alte Zeiten“ erinnerten, warten. Doch bis zum Ende der 40er Jahre sollten alle bekannten Brauchtums- und Heimatfeste in mehr oder weniger ursprünglicher Form wieder begangen werden. Mitglieder der Heimat-, Schützen- und Karnevalsvereine kamen bereits früh nach Kriegsende wieder zusammen. Die erste von der Militärregierung genehmigte Vereinsversammlung veranstalteten die „Alde Düsseldorfer“ im August 1945. Dort planten sie u. a. das erste Martinsfest. Die „Neue Rheinische Zeitung“ schrieb am 4. 8. 1945 zum Treffen: „Hier zeigt sich wieder, daß die britische Besatzungsbehörde durchaus geneigt ist,

der Bevölkerung Bewegungsfreiheit bezüglich ihres E i g e n l e b e n s, ihrer guten Gewohnheiten und Bräuche, zuzugestehen." Auch die „Düsseldorfer Jonges" traten nach Kriegsende in Aktion. Anlässlich des 150. Geburtstags von Heinrich Heine, zu dem der „Heinrich-Heine-Platz" eingeweiht wurde, stifteten sie 1947 eine neue Heine-Gedenktafel. Sie wurde am 23.9. 1947 an seinem Geburtshaus, Bolkerstraße 53, angebracht. Neben dieser Gedenkfeier fanden in Düsseldorf weitere in der frühen Nachkriegszeit statt, so z. B. eine städtische Trauerfeier für die politischen und rassischen Opfer des NS-Regimes am 9. 10. 1945 oder die „Antifaschistische Woche" im September 1947.

◀ „Der Rheinländer braucht diese närrische Zeit, sonst platzt er aus dem Anzug", schrieb das „Rhein-Echo" am 11. 11. 1948. Ab 1946 wurde das Hoppeditz-Erwachen gefeiert und Prinzenpaare gekürt. Der erste Rosenmontagszug fand erst 1950 statt, allerdings wurde am 28. 2. 1949 ein Umzug unter dem Titel „Närrische Parade" veranstaltet (Foto). Die „Rheinische Post" berichtete am 2. 3. 1949: „Man hatte ihm bescheiden den Namen ‚Närrische Parade' gegeben. Und es wurde beinahe ein ausgewachsener, vorkriegsmäßiger Rosenmontagszug daraus. Auf den Dächern der Häuser wie der Straßenbahnen, auf Leitern, Bäumen, auf der Tribüne der Kunsthalle (...) schunkelte es. Ganz Düsseldorf sang, lachte. (...) Jeder ließ sich willig vom Nachbarn, Vor- und Hintermann drängen und stoßen, immer nur darauf bedacht, vom fröhlichen Unsinn soviel wie möglich zu sehen, soviel wie möglich von der übermütigen Weisheit, vom überschäumenden Frohsinn des Düsseldorfer Karnevals mitzunehmen. (...) Bei strahlendem Sonnenschein regnete es anhaltende Schauer von Bonbons auf große und kleine Kinder. Ältere und jüngere Mädchen, hübsche und weniger schöne, verteilen Bützkes. Düsseldorfer Marktfrauen vom Burg- und Karlplatz, junge und jüngste Indianer, Neger, der deutsche Michel, der Glöckner von Notre Dame, viel, viel anderes närrisches Volk laufen um Züge und Wagen herum, ihnen voraus und nach, und zeigen über Trümmern, bitteren Erinnerungen und mit mancher Sorge im Herzen, daß rheinischer Humor über allem lebendig blieb und wieder lacht."
Die Katholische und Evangelische Kirche kritisierten im Februar 1949 das Karnevalstreiben: „So stehen diese Auswüchse doch in krassem Gegensatz zu dem Leid, daß tausende Bedürftige unseres Volkes, Flüchtlinge, Evakuierte, Heimkehrer und Kriegsversehrte zu durchkosten haben. Wir wenden uns gegen ein Übermaß an Genußsucht, das eines Christen unwürdig ist. Während die Ostheimkehrer noch nicht einmal über ein Hemd verfügen, werden auf der anderen Seite Toiletten gezeigt, deren Stoffverschwendung Verbitterung auslöst" (A. Houben, 3 x Düsseldorf Helau, Meerbusch 1999, S. 107).

Festzug der Schützen des St.-Sebastianus-Schützenvereins im Jahr 1947.

Martinszug in der Altstadt im Jahr 1947.

Ab 1946 konnte der St.-Sebastianus-Schützenverein wieder seine Feste feiern. Auf dem Foto auf Seite 46 ziehen 1947 die Schützen mit Armbrüsten in ihrem Festzug durch die Stadt. Uniformen und Waffen hatten die Besatzer verboten. Der Schützenkönig wurde im ersten Festjahr ausgelost, danach bis 1951 per Armbrustschießen ermittelt.
Das große Schützen- und Volksfest konnte aus verkehrstechnischen Gründen erst ab 1948 wieder traditionsgemäß auf den Oberkasseler Rheinwiesen stattfinden. Zuvor wurde es auf dem Staufenplatz zelebriert. 130 Schausteller, darunter 33 Fahrbetriebe, waren auf der Kirmes im Juli 1948 vertreten (Foto oben), wo hingegen die Zahl der Verköstigungszelte und -stände sehr gering war. Das „Rhein-Echo" schrieb am 20. 7. 1948: „Der Schaulust und dem Bedürfnis, sich in der mannigfaltigsten Weise bewegen, drehen, schaukeln, erheitern oder gruseln machen zu lassen, wird erstaunlich entgegengekommen. Vom Floh- bis zum Löwenzirkus, von indischen Tänzerinnen, Liliputanern bis zu Riesen, Herkulessen und anderen Artisten ist alles vorhanden, um sich über den nüchternen Alltag wirbeln zu lassen."

Das älteste der in Düsseldorf gefeierten Feste, das Martinsfest, konnte mit Genehmigung der britischen Besatzung und unter der Organisation der „Alde Düsseldorfer" bereits 1945 – „wie früher, als stimmungsvolles Fest der Kinder, ohne Reklamerummel und Propagandagerassel" („Neue Rheinische Zeitung", 4. 8. 1945) – begangen werden. Am 10. 11. 1945 zogen die Kinder mit selbst gebastelten Lampen, St. Martin und Musikkapellen nicht nur durch die Altstadt. Insgesamt 15 Züge waren in der Stadt unterwegs. Auch die traditionelle Martinslampenausstellung fand schon 1945 im Vorfeld statt. Laut Bericht der „Neuen Rheinischen Zeitung" vom 31. 10. 1945 besuchten über 10 000 Menschen die Schau im Hetjens-Museum. Aufgrund der erfolgreichen Ausstellung und dank Spenden bekamen am Martinstag ca. 60 000 Kinder zwischen 1 und 14 Jahren jeweils einen Weckmann und einige Äpfel. Das untere Foto auf Seite 46 ist beim Martinszug 1947 in der Altstadt entstanden.

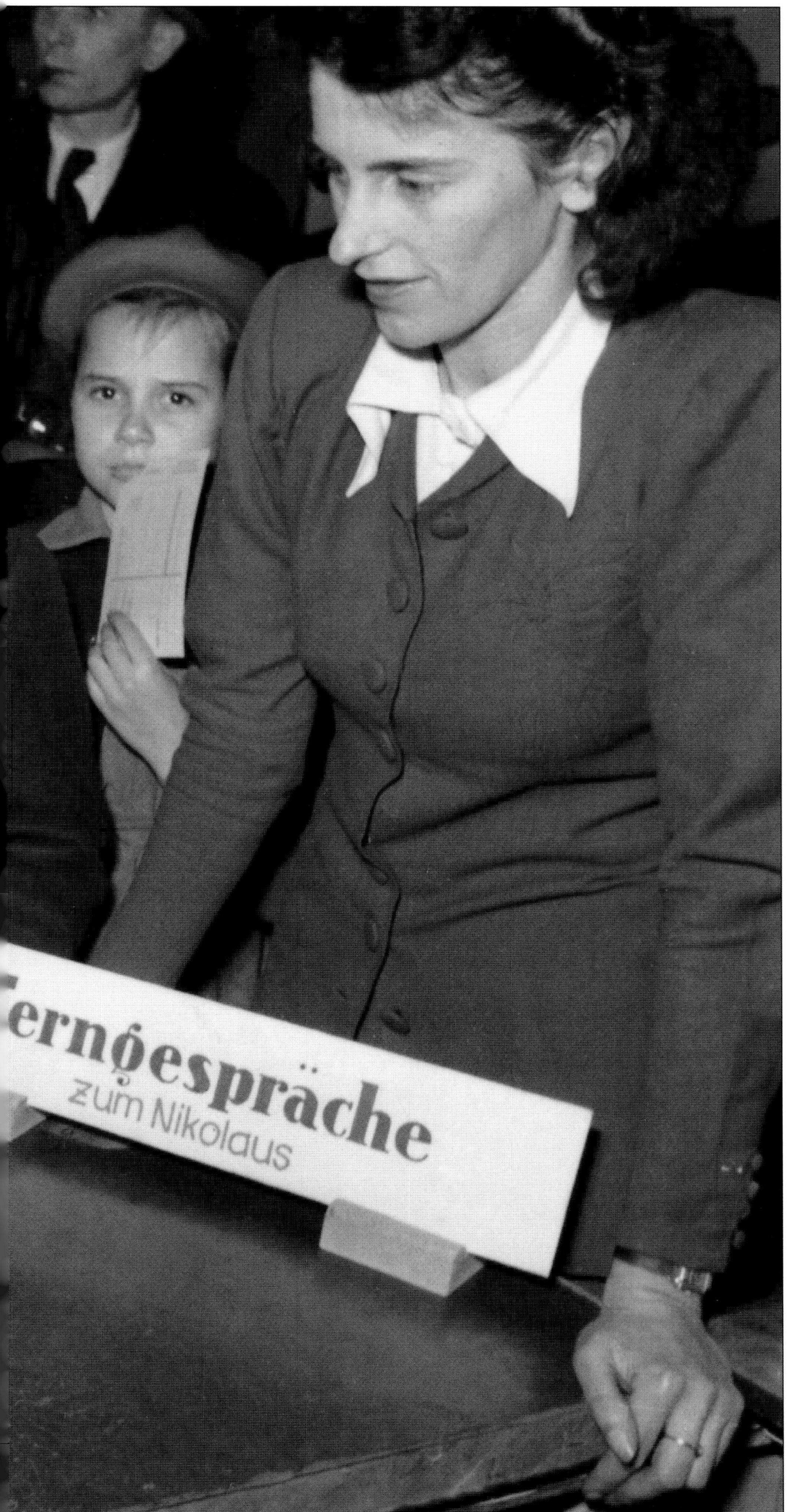

Leuchtende Kinderaugen waren nicht nur beim Martinsfest zu sehen, sondern auch in der Weihnachtszeit.

1948 organisierte die NOWEA erstmalig einen neuartigen Weihnachtsmarkt unter dem Titel „Alle Jahre wieder ...“ in den Räumen des Ausstellungspalastes. „Er sollte unter Ausschaltung nüchterner Profitinteressen eine gemeinnützige Aufgabe erfüllen und groß und klein in unserer gemütsarmen Zeit einige frohe Stunden bescheren, ohne daß der schmale Geldbeutel mehr als erträglich belastet wird“, so die Erläuterungen von Dr. Herbert Engst, ein ehemaliger NOWEA-Chef, in seinem Buch „Düsseldorf. Die Ausstellungsstadt“ von 1949 auf Seite 117. Über 140 000 Düsseldorfer besuchten diesen Markt im Dezember 1948.

Nach dem großen Erfolg fand auch 1949 wieder ein Weihnachtsmarkt in den Ausstellungshallen am Ehrenhof statt. Am 3. 12. 1949 wurde er eröffnet. Die Ehrengäste, 400 Waisenkinder, durften zuerst „die tausend Wunder dieser bunten Schau“ („Rheinische Post“, 2. 12. 1949), die von Kunststudenten dekoriert wurde, erleben. Neben einem riesigen Weihnachtsbaum, einer Krippenschau und einer Gratisfahrt mit der Micky-Maus-Bahn warteten nach dem Bericht der „Rheinischen Post“ unter anderem ein Flohzirkus, das Kölner Hänneschen-Theater, ein Märchenkino, eine Rutschbahn und eine Miniatureisenbahn auf die jungen Besucher, die zudem einmal selbst ein Auto und eine Straßenbahn fahren oder Verkehrspolizist spielen konnten. Auf dem Weihnachtsmarkt-Postamt durften sie ihre Festwünsche dem Nikolaus per Telefon durchgeben (Foto). Für die älteren Besucher gab es über 100 Verkaufsbuden mit Geschenkideen. „Neuheiten“, wie eine „durchsichtige oder innen mit Spiegeln versehene Badewanne“, wurden präsentiert. Aktionen in der Stadt begleiteten den Weihnachtsmarkt. So schoss eine aufgestellte „Wunderkanone“ „Geschenkraketen“ mit Preisen ab („Rheinische Post“, 5. 12. 1949).

DAS BESONDERE FEST

Zu einem ganz besonderen Fest für die Bevölkerung wurde die Rückführung eines bedeutenden Düsseldorfer Denkmals und Wahrzeichens auf seinen ursprünglichen Platz.
Das von Grupello errichtete Reiterstandbild des Kurfürsten Jan Wellem war im November 1944 in einen Gerresheimer Bergstollen verfrachtet worden, um es vor möglicher Zerstörung durch Bomben zu schützen.
Am 25.11.1945, Totensonntag, wurde das Denkmal und auch die von Hoselmann geschaffene Figur des Gießerjungens, die ebenfalls im Bergstollen untergebracht war und bis 1958 in einer Nische des alten Rathauses einen Platz fand, auf geschmückten Wagen innerhalb eines historischen Festzugs durch die Stadt auf den Marktplatz transportiert. Viele Düsseldorfer verfolgten die Rückkehr. In dem Zug sahen sie „Zünfte, Maler, Bildhauer und Soldaten aus der Zeit Jan Wellems" und die „Gemahlin" des Kurfürsten samt „höfischem Gefolge" („Neue Rheinische Zeitung", 24.11.1945). Auch Radschläger, Musikkapellen und Schützen des St.-Sebastianus-Schützenvereins begleiteten den Zug.
Eine Woche später, am 2.12.1945, wurde das Reiterstandbild – nun wieder auf dem Sockel vor dem Rathaus – zum zweiten Mal feierlich und unter Anteilnahme vieler Düsseldorfer enthüllt. Die „Neue Rheinische Zeitung" berichtete am 5.12.1945 über die Einweihung und die bezüglich der allgemeinen schwierigen Lage erbauende Ansprache des Oberbürgermeisters Walter Kolb, aus der hervorging, dass „wir Rheinländer, wir Düsseldorfer uns nicht unterkriegen lassen" würden. Mit „lebhaftem Beifall" dankten die Zuschauer dem Redner für dieses „Bekenntnis". Ein Höhepunkt des Festaktes war die Verlesung einer von Hans Müller-Schlösser verfassten Urkunde, die anschließend in einer Blechkapsel in den Sockel eingemauert wurde. Bei der späteren Restaurierung des Sockels im Jahr 1948 wurden der Urkunde noch einige Düsseldorfer Zeitungen und Lebensmittelskarten beigefügt. Grund: „Auf daß spätere Generationen wissen, welchen Spaß es gemacht haben muß, in dieser herrlichen Zeit auf unserem herrlichen Planeten gelebt haben zu dürfen" („Rheinische Post", 17.3. 1948).
Das von Vagedes entworfene Gitter, das das Denkmal umgab, wurde 1939 im Rahmen einer Entgitterungsaktion entfernt und eingeschmolzen. Ein neues Gitter wurde Ende der 40er Jahre um das Wahrzeichen aufgestellt.
Abschließend sei noch auf eine interessante Information bezüglich der Rückführung des Jan-Wellem-Denkmals hingewiesen. Die „Neue Rheinische Zeitung" teilte am 29.9. 1945 mit: „Der ‚Jan Wellem' (...) soll auf Wunsch und Anregung der britischen Besatzungsbehörde in den nächsten Wochen wieder aufgestellt werden."
Auf dem Foto passiert der Festzug mit dem Reiterstandbild des Kurfürsten die Grafenberger Allee.

„HUNGER NACH KULTUR UND SPORT“

„Niemals gab es dankbarere Ausstellungsbesucher, aufmerksamere Zuhörer in den Konzerten, überfülltere Vortragssäle als in der Notzeit nach dem Kriege“, schrieb Anna Klapheck in ihrem 1977 erschienenen Buch „Düsseldorf“ auf Seite 36. Und die Schauspielerin Elisabeth Flickenschildt, die von 1947 bis 1954 an den Städtischen Bühnen engagiert war, berichtete hinsichtlich des Verhaltens des damaligen Düsseldorfer Theaterpublikums in ihrem Buch „Kind mit roten Haaren“ von 1971 auf Seite 134: „Alles wurde dankbar angenommen, gierig ergriffen, wie ein langentbehrtes Mahl verzehrt und ihren immer hungernden Gedanken eingegeben.“ Nicht selten standen die Düsseldorfer über Nacht Schlange vor den Theaterkassen, um eine Karte zu erwerben. Der „Hunger“ nach Kultur war groß, ebenso jener nach Sport, der nach einer Geschichte des Stadtsportbundes Düsseldorf „für viele Menschen einen der wenigen Lichtblicke in diesen finsteren Tagen bot“ (H.-E. Rösch, Sport in Düsseldorf, Kassel 1999, S. 107). Die Düsseldorfer Einwohner strömten zu den verschiedensten kulturellen und sportlichen Veranstaltungen – sei es zur Ablenkung und Entspannung vom Alltag, aus Verlangen nach lang vermissten geistigen Gütern, zur geistigen Erbauung oder aus sozialen oder anderen Gründen. Neben dem reinen Konsumieren wurden sie auch selbst sportlich und „kulturell“ aktiv, so verzeichneten beispielsweise die Kirchenchöre einen enormen Andrang in den ersten Nachkriegsjahren. Doch zunächst mussten die Institutionen, Hallen und Plätze nach Genehmigung der Militärregierung wieder hergestellt oder andere provisorische Räumlichkeiten gefunden werden, um den „Hunger“ stillen zu können. Ab 1947 wurde auch der Kulturaustausch zwischen Briten und Deutschen in der neuen Stätte „Brücke“ gepflegt.

Das Foto zeigt eine Litfaßsäule an der Königsallee im Jahr 1946, auf der auf verschiedene Veranstaltungen in Düsseldorf hingewiesen wurde.

Die Räume der Landes- und Stadtbibliothek, Büchereien und der Museen wurden während des Krieges beschädigt oder zerstört. Durch frühzeitige Auslagerungen konnten jedoch Teile der Buchbestände und der komplette Besitz der Kunstsammlungen der Stadt gerettet werden. Im Winter 1945 wurden wieder einige Büchereien geöffnet. Ab Oktober 1948 gab es auch eine Blindenbibliothek an der Kasernenstraße. Die erste große Kunstausstellung fand im Hetjens-Museum vom 14. 7. bis 15. 9. 1946 statt. Über 10 000 Menschen besuchten die Ausstellung „Lebendiges Erbe" mit Werken von Künstlern, die während des NS-Regimes ermordet wurden und deren Kunst als „entartet" galt. Im gleichen Jahr öffnete auch die teilwiederhergestellte Städtische Kunsthalle.

Die Bühnenhäuser der Stadt waren auch zerstört. Nur das beschädigte, von Ernst Giese im 19. Jahrhundert erbaute Opernhaus wurde nach Kriegsende mit Unterstützung der Besatzung, die es für eigene Veranstaltungen beanspruchte und zunächst nur zeitweise für die Düsseldorfer freigab, provisorisch wieder hergerichtet (Foto 1950). Im Laufe der ersten Spielzeit der Städtischen Bühnen 1945/46, vor der zunächst nur einige „Bunte Stunden" präsentiert wurden, konnten weitere Räume genutzt werden: ab September 1945 die Aula der Luisenschule, ab Dezember 1945 der Festsaal der Provinzial-Feuerversicherungsanstalt der Rheinprovinz, ab März 1946 der Gesolei-Saal der Firma „Henkel". Auch Privattheater wurden gegründet. Es hätte in Düsseldorf noch nie so viele Theater gegeben wie zum damaligen Zeitpunkt, schrieb die „Rheinische Post" am 6. 3. 1946. Die erste öffentliche Vorstellung für die Düsseldorfer, ein Symphoniekonzert im Opernhaus, fand am 15. 7. 1945 statt.

▶ Am 9. 10. 1945 wurde die erste Oper, „Tosca", mit Tilly Lüssen in der Titelrolle und Martha Mödl unter der musikalischen Leitung von Heinrich Hollreiser, der von der Münchener Staatsoper kommend 1945 zum Generalmusikdirektor berufen wurde, gezeigt. Rund einen Monat später konnten die Zuschauer am 24. 11. 1945 die erste richtige Nachkriegsoperninszenierung erleben: Mozarts „Cosi fan tutte" in der Regie von Werner Jacob. Das Foto zeigt eine Szene aus der Oper „Eugen Onegin", die von Wolf Völker inszeniert wurde und in der Spielzeit 1949/50 auf dem Spielplan stand.

Im Januar 1946 wurde Wolfgang Langhoff, der im Konzentrationslager interniert und später am Züricher Schauspielhaus tätig war, erster Generalintendant der Städtischen Bühnen. Während seiner Intendanz fand seine Inszenierung von Friedrich Wolfs Stück „Professor Mamlock", das bereits 1935 in Zürich uraufgeführt wurde und in Düsseldorf am 5. 5. 1946 im „Neuen Theater" seine Premiere feierte, besondere Beachtung und erzeugte viele Diskussionen. Es handelte von einem jüdischen Arzt während der Zeit des Nationalsozialismus. Im September 1946 verließ Langhoff Düsseldorf, da er die Intendanz am Deutschen Theater in Berlin angenommen hatte. Nächster Generalintendant wurde der in Düsseldorf geborene Schauspieler und Regisseur Gustaf Gründgens, der an jenem Berliner Theater beschäftigt war. Eine große Theaterära bis 1955 begann. In seiner Antrittsrede vor dem Ensemble sagte er u. a.: „Ich bin nach Düsseldorf gekommen, um Düsseldorfer Theater zu machen: mit Düsseldorfer Künstlern und aus der mir so vertrauten Düsseldorfer Atmosphäre heraus. – Ich kann es auch anders formulieren: Ich habe zehn Jahre Kunst *gegen* etwas gemacht, ich sehne mich danach, *für* etwas zu machen. (...) Die Schule, die unser Volk, und gerade die Menschen unserer näheren Heimat, durchmachen muß und soll – und hoffentlich erfolgreich durchmacht –, ist so hart und bitter, daß die Aufgaben des Theaters heute wesentlich darin liegen müssen, dem Volk bei dieser Arbeit zu helfen, ihm zum Trost und zur Stärkung die menschlichen Werte an die Hand zu geben, die große Genien der Welt ihm geschenkt haben, und zum anderen es zu entspannen, es anmutig und heiter zu entspannen." (H. Riemenschneider, Theatergeschichte der Stadt Düsseldorf, Bd. II, Düsseldorf 1987, S. 306ff.) Bei seiner ersten Premiere am 15. 9. 1947 im Opernhaus – „König Oedipus" in der Regie von Karl Heinz Stroux – „erklatschen sich die Zuschauer 70 Vorhänge". Gründgens spielte die Titelrolle. Zwei Monate später erfolgte am 7. 11. 1947 die Premiere und deutsche Erstaufführung von Sartres Stück „Die Fliegen". Gründgens hatte es selbst inszeniert und spielte neben Marianne Hoppe (Foto November 1947).

1947 entstand in Düsseldorf eine kleine Kabarettbühne, die im Laufe der Zeit national und international berühmt werden würde: das „Kom(m)ödchen – Die kleine Literaten-, Maler- und Schauspielerbühne“. Kay und Lore Lorentz (Foto um 1949), die 1946 beim Kabarett „Die Wäscheleine“ von Günter Ebert waren, gründeten diese Bühne, die auf der Hunsrückenstraße situiert war. Am 29. 3. 1947 feierten sie mit der Premiere ihres ersten Programms „... positiv dagegen!“ die Eröffnung. Auf dem ersten Plakat hieß es: „Verabreichung wunderlicher Werke, possierlicher Einakter, garstiger u. grauslicher Ereignisse in artiger Form, selbstverfaßter Poeme, vermenget mit geistigen Brosamen. All dieses kredenzet mit köstlichem Witz und selbstgefälliger Anmut, verzieret mit dem Silberstreifen aufgehender demokratischer Sonne, allerdings nicht ohne dem p. p. Publikum unser Zerr-Spiegelein vor sein wohlgefälliges Antlitz haltend ...“
(G. Cepl-Kaufmann, A. Johanning, W. Meiszies, Wenn es dem Kom(m)ödchen nicht gefällt ..., Düsseldorf 2000, S. 47). Die „Rheinische Post“ schrieb am 2. 4. 1947 nach der Premiere: „Ein kleiner stilgeschlossener Raum beherbergt die famose Truppe um Kay und Lore Lorentz nebst hochgestimmtem Publikum. Scherz, Satire, Ironie ranken sich in Wort, Lied und allerhand kühnen Improvisationen mit Bedeutung um ärgerliche und andere Zustände unserer berauschend schönen Tage.“

▶ Eine weitere neue Stätte wurde im Zusammenhang mit der Rückkehr einer berühmten Düsseldorfer Dame errichtet. Die Kunsthändlerin und „Künstlermutter“ Johanna Ey, die die letzte Kriegsphase bei ihrer Tochter in der Nähe Hamburgs erlebt hatte, sagte nach einem Bericht der „Neuen Rheinischen Zeitung“ vom 19. 12. 1945 in einem Radiointerview, dass sie wieder in Düsseldorf leben wolle. 1946 kehrte sie tatsächlich zurück, bekam eine Wohnung und einen Ehrensold. Ihre 1934 von der Stadt beschlagnahmten Bilder erhielt sie jedoch nicht wieder. Am 8. 7. 1947 wurde ihre neue „Künstlerstube“, das „Westdeutsche Künstlerzentrum“, in der Flinger Straße feierlich mit Musik, aber wohl ohne Vertreter der Stadt eröffnet. Das Foto zeigt v. l. n. r. Robert Pudlich, ein Sprecher des NWDR, Prof. Heuser, Johanna Ey und Otto Pankok. Das Zentrum sollte „der Sammelplatz für alle Künstler werden, die in Westdeutschland einen Namen haben oder haben werden“ würden, schrieb das „Rhein-Echo“ am 9. 7. 1947. Doch nach einigen Ausstellungen und Aufführungen wurde es nach Einschaltung von „Geschäftemachern“ zu einem „Vergnügungslokal“ und ging 1950 pleite, wie Anna Klapheck in ihrem Buch „Mutter Ey. Eine Düsseldorfer Künstlerlegende“ von 1958 auf Seite 53 bemerkte. „Mutter Ey“ selbst hatte nach Angaben von Anna Klapheck „dem Trubel um sie herum still und skeptisch zugesehen“. Sie starb am 27. 8. 1947 und wurde auf dem Nordfriedhof beigesetzt.

▼ Eine andersartige Stätte wurde im Mai 1947 eröffnet. Nach der Zerstörung des Gebäudes des Löbbecke-Museums am Brehmplatz fanden Teile der Sammlungen im Urgeschichtlichen Museum Neandertal und in einem Hochbunker an der Weselerstraße ihre neuen Plätze. Am 17. 5. 1947 feierte das Bunker-Museum mit einer Käfer- und Schmetterlingsabteilung und einer ersten Insektenbörse seine Eröffnung. Viele Besucher zog das Aquarium, das anschließend dort eingerichtet und ab 27. 3. 1948 der Öffentlichkeit präsentiert wurde, an (Foto 1949). Zunächst (nur) mit einer Süßwasserabteilung, die 45 Becken mit Fischen aus tropischen Gebieten bot, und einer Kaltwasserabteilung ausgestattet, sollte das „in Deutschland erste in einem Bunker eingerichtete Aquarium“ nach der Fertigstellung der Seewasserabteilung „zum größten Institut seiner Art in Deutschland“ werden. Dies berichtete die „Rheinische Post“ am Eröffnungstag.

Der „Aufsteigende Jüngling“.

Die „Ballspielerin“.

Neben den bereits erwähnten neuen Kulturstätten wurde im März 1949 auch ein neuer Konzertsaal im Ehrenhof eingeweiht: der Robert-Schumann-Saal mit über 1000 Sitzplätzen und vielen Räumlichkeiten für die Musiker.

Kunst war nicht nur wieder in den Düsseldorfer Museen und Galerien zu sehen, sondern auch unter freiem Himmel. Nach Kriegsende wurden Skulpturen, Plastiken und Denkmäler wieder oder neu aufgestellt. So wurde die von Georg Kolbe 1933 fertig gestellte, eigentlich als Heine-Denkmal angedachte Plastik „Aufsteigender Jüngling“, die jedoch während des Nationalsozialismus nicht an ihrem ursprünglichen Aufstellungsort im Ehrenhof gezeigt wurde, im März 1949 endlich an ihrem Bestimmungsort der Öffentlichkeit präsentiert (Foto links, 1949). Manche Plastiken wurden in der Nachkriegszeit mehrfach auf- und abgebaut, wie beispielsweise die von Walter Schott geschaffene Figur der „Ballspielerin“, die während des Zweiten Weltkrieges eingeschmolzen werden sollte. Sie wurde 1946 im Garten am Graf-Adolf-Platz wieder aufgestellt, jedoch im gleichen Jahr aufgrund der Metalldiebstähle wieder abgebaut und 1947 dann wieder aufgestellt (Foto rechts, um 1952). Einige während des Krieges stark beschädigte Kunstwerke konnten nach Restauration erst im folgenden Jahrzehnt wieder gezeigt werden, so z. B. der „Gröne Jong“ im Hofgarten. Andere, die während des Nationalsozialismus entfernt und für die „Metallspende“ später eingeschmolzen wurden, wie die Figur des Komponisten Felix Mendelssohn Bartholdy, wurden nicht erneuert. Denkmäler der Nationalsozialisten wurden abgebaut, wie die Schlageter-Anlage am Nordfriedhof. An gleicher Stelle wurde 1958 das von Jupp Rübsam entworfene Mahnmal „Drei Nornen“ aufgestellt, das an die „Opfer des Feldes, der Heimat, des politischen Terrors“ gedenken sollte und dessen Errichtung bereits 1947 im Rahmen eines Wettbewerbs für ein Ehrenmal für die Opfer des Nationalsozialismus beschlossen worden war. Bei Kriegsdenkmälern wurden später Inschriften geändert oder auch entfernt, wie z. B. beim Ulanen-Denkmal. Sie wurden nach 1945 jedoch nicht abgebaut, wie es die Militärregierung eigentlich verlangte.

EHRUNGEN

Erste offizielle Ehrungen von Künstlern fanden bereits in der frühen Nachkriegszeit statt. Am 25. 1. 1946 überreichte Oberbürgermeister Walter Kolb den Ehrenbürgerbrief der Stadt Düsseldorf an den Schriftsteller Herbert Eulenberg anlässlich seines 70. Geburtstags. Er würdigte ihn als einen „bedeutenden deutschen Dichter“ und „aufrechten Menschen“ mit einer „vornehmen Art und untadeligen Haltung“. Die „Neue Rheinische Zeitung“ berichtete einen Tag später über die Verleihung im „Neuen Theater“ und die vorausgegangene außerordentliche Sitzung der Stadtvertretung und Stadtverwaltung, in der nicht nur einstimmig für die Ehrung des Autors plädiert, sondern auch geschlossen für die Aberkennung der Ehrenbürgerschaften von Hermann Göring und Alfred Rosenberg gestimmt wurde, da „sie nicht für würdig erachtet“ wurden, „Ehrenbürger der Stadt Düsseldorf zu sein“.

1948 war das Jahr der Künstlerehrungen. Je mit 5 000 DM dotierte neue und alte Preise der Stadt wurden gemäß eines Beschlusses der Stadtverordneten in jenem Jahr verliehen. Mit dem neu gestifteten Cornelius-Preis wurden am 11. 9. 1948 vier Künstler aus dem Bereich „Bildende Kunst“, darunter der Düsseldorfer Maler Arthur Erdle, ausgezeichnet. Einen Monat später, am 16. 10. 1948, erhielt der Schriftsteller Emil Barth den Immermann-Preis, der 1935 eingerichtet wurde. Kurz vor Weihnachten ehrte die Stadt am 16. 12. 1948 den Komponisten Prof. Hans Pfitzner mit dem neuen Robert-Schumann-Preis. Der Komponist hatte wohl nach Bekanntgabe der Ehrung zunächst gefragt, ob der Preis mit einem Geldbetrag verbunden wäre, und ließ Oberbürgermeister Gockeln Urkunde und Geld in dem Münchner Altersheim, in dem er lebte, abgeben. Diese Begebenheit erwähnt Wolfgang Horn in seinem 1981 erschienenen Buch „Kulturpolitik in Düsseldorf“ auf Seite 75.

▲ Werner Schütz, Vorsitzender des Kulturausschusses der Stadt, übergab am 16. 10. 1948 den Immermann-Preis an Emil Barth.

▶ Oberbürgermeister Walter Kolb überreichte am 25. 1. 1946 den Ehrenbürgerbrief der Stadt an Herbert Eulenberg.

SPORT

Wie die Kulturinstitute, wurden auch viele Sportplätze während des Krieges schwer beschädigt oder zerstört. Die Fußballer und Handballer kümmerten sich als Erste um den Wiederaufbau ihrer Anlagen. Der Sportjournalist Karl-Heinz Wanders erinnerte sich in Heinz-Egon Röschs bereits erwähntem Buch „Sport in Düsseldorf“ auf Seite 69 bezüglich der Situation des Düsseldorfers Sports: „Beim DSC 99 waren an der Windscheidstraße zwanzig Bombentrichter zuzukippen. Glücklicher war die Fortuna dran, deren Platz in Flingern von den Kriegseinwirkungen praktisch verschont war. Besetzt hatte ihn jedoch eine englische Einheit, die Royal Engineers, und es war strikt verboten, das Gelände zu betreten. Denn die Vereine belastete die vorherige Zwangsmitgliedschaft im Nationalsozialistischen Reichsbund für Leibesübungen. Die englischen Soldaten aus dem Mutterland des Sports drückten jedoch alle Augen zu. Fortuna trainierte und spielte auf verbotener Flur“. Es kam auch zu deutsch-englischen Spielen. Im August 1945 spielten die Fortunen gegen eine britische Soldatenelf und siegten überlegen (Foto, Mannschaften). 15 000 Zuschauer schauten zu. Für die Düsseldorfer Spieler bedeutete der Sport nicht nur Spaß, sondern neben der Einnahme von Prämien auch Sattwerden. Bei den so genannten „Kalorienspielen“ im ländlichen Gebiet erhielten sie „als Auflaufgeld reichlich Kartoffeln, Speck oder Möhrenkraut“, das auf trickreiche Weise nach Düsseldorf an den Hamsterkontrollen vorbei transportiert wurde. Gegner für Freundschaftsspiele wurden nicht nach Spielstärke, sondern „nach dem dringenden Bedarf an Naturalien und Textilien“ ausgesucht. So liest man in der von Fortuna Düsseldorf und Werner Jakobs herausgegebenen, 1994 erschienenen Chronik „Fortuna Düsseldorf. 1895–1995“ auf den Seiten 47 und 48. In der Saison 1946/47 wurde Fortuna Meister der neu gegründeten „Berg-Mark-Liga“.

Erfolgreich waren neben den Fußballern auch die Feldhandballer der Fortuna, die mit dem Nationalspieler Willi Zorn von 1948 bis 1953 in der höchsten Klasse spielten. Feldhandball, heute eher unbekannt, war damals eine beliebte Sportart und hatte viele Fans.

Mit großem Interesse verfolgten die Düsseldorfer nicht nur die Fußball- und Handballspiele, sondern auch jene einer in Deutschland noch neuen amerikanischen Ballsportart. In der Rheinhalle, dem früheren Planetarium, fanden im Oktober 1949 die Deutschen Basketballmeisterschaften der Herren und Damen statt, bei denen die Damenmannschaft des ATV Düsseldorf Vizemeister wurde. Die Halle „glich einem Hexenkessel“ und über tausend Zuschauer „wurden vor Begeisterung immer wieder von den Sitzen gerissen“, schrieb die „Westdeutsche Zeitung“ am 3. 10. 1949. Die Zeitung resümierte: „Basketball kann auch in Deutschland einmal d a s Spiel werden, das sich mit allen anderen Spielen messen wird.“
Das Foto ist bei einem Spiel der Damenmannschaften entstanden.

Lange mussten die Düsseldorfer nach dem Krieg auf ein Wiedersehen mit „ihrer“ DEG-Eishockeymannschaft warten. Das Eisstadion an der Brehmstraße wurde 1944 durch Bomben bis auf die Maschinenanlage total zerstört. Die Spieler der DEG-Mannschaft spielten vorübergehend im Krefelder Stadion und wechselten 1948 zu anderen Vereinen, nachdem eine Wiedereröffnung des Düsseldorfer Eisstadions immer noch nicht absehbar war. Am 11. 12. 1949 konnte das Stadion am Zoo nach langen Verzögerungen endlich neu eingeweiht werden. Zur Wiedereröffnung trat der Kölner EK, in dem Düsseldorfs Idol Horst „Opa“ Orbanowski mitspielte, gegen den VfL Bad Nauheim an.
Zwar hatte Düsseldorf bis 1950 keine DEG-Eishockeymannschaft mehr, doch dafür ein erfolgreiches Eiskunstlaufpaar. Ria Baran und Paul Falk (Foto um 1950), die nach dem Krieg von Dortmund nach Düsseldorf zogen, waren von 1947 bis 1952 Deutsche Meister, wurden 1952 Europa- und Weltmeister und siegten bei den Olympischen Winterspielen in Oslo.

◀ Neben den Sportveranstaltungen auf den verschiedenen Sportplätzen fanden auch wieder Wettbewerbe auf dem Rhein statt. So wurde Ende Mai 1949 die Frühjahrs-Langstreckenregatta des Kanuverbandes Nordrhein-Westfalen in Düsseldorf ausgetragen. Trotz Regen kamen viele Zuschauer. Mindestens ebenso viele und mehr kamen an schönen Tagen an den Rhein, um die Sonne zu genießen und ein nicht ungefährliches Bad im Strom zu nehmen. (Kleines Foto 1948, Oberkasseler Rheinufer). Auch die instand gesetzten Badeanstalten wurden von den Düsseldorfern in der frühen Nachkriegszeit gut besucht, da der größte Teil der Bevölkerung in jenen Anstalten „die einzigste Möglichkeit hatte, für die Körper- und Gesundheitspflege ein Reinigungsbad und auch ein erfrischendes Schwimm- oder Heilbad zu nehmen“, wie es im Verwaltungsbericht der Stadt Düsseldorf für 1945/46 auf Seite 43 hieß.
Bis 1949 stieg die Anzahl der Düsseldorfer Sportvereine auf 125 mit über 33 500 Mitgliedern an.

▶▶ Düsseldorf 1953 – die Stadt lebt und hat noch viel vor. Erste Ergebnisse des Wiederaufbaus, der erst in den 60er Jahren des vergangenen Jahrhunderts abgeschlossen war, sind auf der Luftaufnahme zu sehen. Das Foto zeigt den Innenstadtbereich: links die Oberkasseler Brücke, in der Mitte die Altstadt und den Hofgarten, rechts die Königsallee und die Johanneskirche, unten links das Ständehaus mit Anlagen.

Literaturhinweise
Cepl-Kaufmann, Gertrude, Johanning, Antje, Meiszies, Winrich, Wenn es dem Kom(m)ödchen nicht gefällt ... Ein Kabarett in Deutschland, Düsseldorf 2000
Engst, Herbert, Düsseldorf. Die Ausstellungsstadt. Ein Beitrag zur Ausstellungsgeschichte Düsseldorfs, hg. v. d. Nordwestdeutschen Ausstellungs-Gesellschaft mbH, Düsseldorf 1949
Fings, Karola, Sparing, Frank, „z. Zt. Zigeunerlager". Die Verfolgung der Düsseldorfer Sinti und Roma im Nationalsozialismus, hg. v. d. Mahn- und Gedenkstätte Düsseldorf, Köln 1992
Flickenschildt, Elisabeth, Kind mit roten Haaren. Ein Leben wie ein Traum, Hamburg 1971
Fortuna Düsseldorf 1895 e.V. und Werner Jakobs (Hg.), 100 Jahre Fortuna Düsseldorf 1895–1995. Die Chronik einer 100jährigen Leidenschaft, Neuss 1994
Henning, Friedrich-Wilhelm, Düsseldorf und seine Wirtschaft. Zur Geschichte einer Region, Bd. 2: Von 1860 bis zur Gegenwart, Düsseldorf 1981
Hensel, Walther, 3 x Kommunalpolitik 1926–1964. Ein Beitrag zur Zeitgeschichte, Köln/Berlin 1970
Horn, Wolfgang, Kulturpolitik in Düsseldorf. Situation und Neubeginn nach 1945, Opladen 1981
Houben, Alfons, 100 Jahre Gastlichkeit, hg. i. A. d. Hotel- und Gaststättenverbandes Nordrhein, Kreisgruppe Düsseldorf-Neuss, Düsseldorf 1986
Houben, Alfons, Düsseldorf. Wie es damals war – wie es heute ist, Bd. 2, Düsseldorf 1986
Houben, Alfons, 3 x Düsseldorf Helau. Die Geschichte des Düsseldorfer Karnevals, hg. v. Comitee Düsseldorfer Carneval e.V., Meerbusch 1999
Klapheck, Anna, Mutter Ey. Eine Düsseldorfer Künstlerlegende, Düsseldorf 1958
Klapheck, Anna, Düsseldorf, München 1977
„Neue Rheinische Zeitung", Düsseldorf
Presse- und Werbeamt der Stadt Düsseldorf (Hg.), Düsseldorf baut auf. Verwaltungsbericht der Landeshauptstadt Düsseldorf für das Jahr 1945/46, Düsseldorf 1946
„Rhein-Echo", Düsseldorf
„Rheinische Post", Düsseldorf
Riemenschneider, Heinrich, Theatergeschichte der Stadt Düsseldorf, hg. v. Kulturamt der Stadt Düsseldorf, Bd. 2, Düsseldorf 1987
Rösch, Heinz-Egon, Sport in Düsseldorf. Gestern und heute. 50 Jahre Stadtsportbund Düsseldorf e.V., Heft 12 der Düsseldorfer sportwissenschaftlichen Studien, hg. v. Prof. Dr. Heinz-Egon Rösch u. Prof. Dr. Sarkhadun Yaldai, Institut für Sportwissenschaft der Heinrich-Heine-Universität Düsseldorf, Kassel 1999
Stadtmuseum Düsseldorf und „Rheinische Post" (Hg.), 1946 Neuanfang: Leben in Düsseldorf. Katalog zur Ausstellung vom 2.3.–14. 9. 1986 im Stadtmuseum Düsseldorf, Düsseldorf 1986
Statistisches Amt der Stadt Düsseldorf (Hg.), Jahresberichte des Statistischen Amtes der Stadt Düsseldorf, Berichtsjahre 1941–1945, 1946, 1947, 1948, 1949, Düsseldorf
Trudewind, Andrea, Düsseldorf 1945–1994. 50 Jahre in Daten, Zahlen und Fakten, Veröffentlichungen aus dem Stadtarchiv Düsseldorf, Bd. 4, Düsseldorf 1995
Verwaltungsbericht der Landeshauptstadt Düsseldorf vom Zeitpunkt der Besetzung der Stadt 1945 bis zum 31. März 1949, hg. v. Statistischen Amt, Düsseldorf 1950
Verwaltungsbericht der Landeshauptstadt Düsseldorf für die Zeit vom 1. April 1949 bis zum 31. März 1951, hg. v. Statistischen Amt, Düsseldorf 1952
„Westdeutsche Zeitung", Düsseldorf
Zimmermann, Volker, In Schutt und Asche. Das Ende des Zweiten Weltkrieges in Düsseldorf, hg. v. d. Mahn- und Gedenkstätte Düsseldorf u. d. Stadtarchiv Düsseldorf, Düsseldorf 1995